教職入門

改訂版

菊池龍三郎　編著

石﨑ちひろ

伊勢正明

大髙　泉

金井　正

小島　睦

五島浩一

助川公継

高橋資明

山口豊一

著

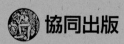 協同出版

改訂版出版に当たって

　本書は2018年に初版を出したところ、幸いに教職課程を置く大学の授業担当者や学生のみなさんから好評を得ることができた。刊行後５年で改訂版を出すことになった理由は、コロナ禍という未曾有のパンデミックに見舞われたことで、例えば少子化、東京への一極集中と地方の過疎化、社会的孤立と孤独の増加など、日本社会が抱える根本的な弱点が効果的な施策が講じられないままだったことを思い知らされ、それは日本の学校教育の基盤をも弱体化させかねないとの危機感が高まっているからである。

　今の日本を取り巻くこれらの問題の深刻さは、この30年間日本の若者の多くが自分の人生設計図を持てない状態にあることに端的に表れている。当然、文部科学省（以下、文科省）も、これら国家的課題が学校教育の基盤を突き崩していると認識し、それに対して逆に学校教育の側からそれら課題にどう対応するか、解決策を検討してきたと思う。

　コロナ禍に遭遇して、私たちは日本社会の土台が相当に脆弱になっていることに気付いた。その中で、将来への希望を広げるために文科省が学校教育に求めるのは、社会的協働に主体的に参加し、各自の役割を責任を持って果たそうとする国民の育成である。その際、国民に対して提示する明るい未来図が、人口減や高齢化や過疎化の中でもITの力で人間らしい生活環境を保障できるとするいわゆる「Society 5.0」なのだと思う。新指導要領で特に強調される「主体的・対話的で深い学びの実現」に向けた授業改善と、「何を学ぶか」だけでなく「どのように学ぶか」も重視して「カリキュラム・マネジメントの確立」と、「教育活動の質の向上と学習効果の最大化を図るため常に検証と改善を図る」ことを求めるのは、そうすれば、高度なIT技術と情報ネットワークが新しい社会を実現してくれるという文脈と読めるのである。つまり学校教育に期待されるのは、この新しい社会像に適合的な人間の育成ということなのである。

言うまでもなく、私たちが描く社会像とはこれだけではないはずで、「Society 5.0」は科学技術や情報に偏りすぎて馴染めないとの受け止め方もあろう。それを当然のこととして、それでも私が言いたいことは、この社会像のモデルの説得力は、コロナ禍を経験した日本社会で後れていたデジタル化の扉が開いたかと思うと一気に加速しているこのスピード感があるからで、私たちは日本社会が抱える重要課題の解決を一歩でも進めようとする文科省の意欲に賭けてみてはどうかという気持ちになるのである。

　新指導要領の確実な達成を図るために、学校教育の現場において学習革命を起こす必要があり、そのため文科省による「GIGAスクール構想」が打ち上げられていることも注目したい。これから日本の教育で起ころうとしていることは予想もつかない学習革命、社会改革を呼び起こすかも知れないとの期待がある。例えば、従来は課題のままお題目で終わっていた「全人格的な教育」などの目標については、「GIGAスクール構想」は当然すべての児童・生徒に「個別最適な学習」を保障する構想であることから、教師はデジタル化によって、こうした児童・生徒一人ひとりの学ぶ権利の保障という重大な責任と否応なしに向き合うことになる。文科省が力を入れている「令和の日本型学校教育」の構想がこうした教育の普遍的原則を踏まえたものであるなら、日本の学校教育は世界に誇るものとなるはずである。教職課程で学ぶみなさんには、そうした期待も込めて学んで欲しい。以上が私たちの改訂の趣旨である。

　　令和5年2月

　　　　　　　　　　　　　編者　茨城大学名誉授　菊池龍三郎

第1章

変化する公教育制度と
担い手としての教師

はじめに─私教育から公教育、そして公教育の拡大へ

　有史以来、人類の発展はそのまま人類の教育の歴史でもあった。親と子から
なる社会（共同体）の基礎単位としての家と、その集合体である共同体が存続
していくためには、新入り（子ども・若者）に共同体の生活で必要となる言
語、生活習慣、倫理・道徳、生産技術、祭祀・習俗等を伝承していく必要があ
り、そうした伝承としての教育は家と共同体にとって存続のための不可欠の条
件だった。なお、そうした広い意味での教育と類似の意味で使われる用語とし
て、社会学では「社会化」という用語も使われている。最も広い意味での教育
が社会化であると考えてよい。
　教育は長い歴史を通して、つねに家にあっては親たちの、共同体にあっては
大人たちの重要な関心事ではあったが、基本的に共同体が新入りに求める資質
や能力は、家で行われる入門期の教育やその後毎日繰り返される労働や生活を
通して経験を積めば十分であり、共同体がそれとは別に教育の機会を共同体
（公）の教育として組織する必要は少なかったと考えてよい。
　今日私たちが教育という言葉から連想するのは、文字や記号を用いて体系的
に蓄積された人類や民族の文化を総合的かつ継続的に教授─学習するという営
みであり、この意味での教育は、若干の例外はあったが中世においては貴族[1]
や武士[2]など限られた階層の人々のものであり、農民などの階層にはまだ無

縁であった。近世になり経済の発展、とりわけ流通が活発になり都市の形成が
進むとともに、都市を中心に読み書き算の能力 (3) を必要とする人々が増大し
てきた。それら都市でなくても幕藩体制下にあっては村落共同体の効率的な
統治には読み書き算のできる補助役を必要としていた。こうした読み書き算
や封建道徳等に関する教育需要の増大に対しては、封建領主、有力町人層や
上層農民層などの関心事となり、日本各地で寺子屋、学校、私塾などとして
多様な発展を見せる (4)。しかし、読み書き算や封建道徳などの教育にとどま
らず、より広い教育内容を民衆全体を対象として提供する教育システムの成立
は、近代国民国家の成立を待たねばならなかった。国家による国民教育制度の
成立である。

1 私教育から公教育へ

　教育の分類の仕方として「公教育」と「私教育」という分け方がある。公教
育とは、家庭で親などが子に対して必要に応じて随時に行う「しつけ」や生
活・労働に必要な技術の教育（私教育）に対して、広く全国民を対象に、国家
が必要と考える資質・能力を有する国民の育成を国家の権限と責任において行
う教育を指し、国家や社会が必要とする国民の育成を目的とすることから公共
性をもち、その意味からも国家および地方公共団体や法に定める学校法人等が
組織・管理・実施することができ、基本的には公費で運営される教育である。
ただし、公教育がすべて国家の教育権に包摂されていると理解すべきではな
い。まず確認すべきことは、近代公教育の大原則は、「子どもの教育を受ける
権利」が「人類の遺産として確認されていること (5)」であって、それと関
わって親、国家、教師がそれぞれ教育権を主張し、特に国家のそれとの緊張関
係が生ずるが、子どもの教育権に先立ってつねに国家の教育権があるわけでは
ない。なお、私立学校の教育や社会教育も公共的な性格から公の保護と規制を
受ける点で公教育に含まれる。

2　公教育の拡大

（1）学校化された社会

　留意したいことは、「学校」とか「公教育」、あるいは「教職」の概念は、つねに一定したものではなく、時代や社会の変化、そしてそれと関わる国民の期待を反映していることである。公教育にしても、国家や社会が関わる公教育の範囲は社会の機能が高度化、複雑化し、それに対応する情報や知識・技術も専門化するため、そこで働く人材になるためには不足部分を補う教育が必要になる。今や学生達は大学の学習では間に合わず学外の塾にさえ通う。社会は資格で溢れる「資格社会」、それにアクセスするためのチャネルは、今では公教育が、生涯学習支援の名目で個人の私教育の領域に入り込む。人は生涯を学校的なものから離れられない。言い換えれば、社会自体が「教育爆発の時代」「学校化された社会[6]」なのである。社会の変化に応じて公教育の守備範囲も拡大し、学校も変化を余儀なくされる。当然、教師の目線も広がることを求められる。

（2）教師の目線の広がり

　教師の守備範囲も広がり続ける。例えば、格差の広がりは、経済的な問題だけでなく、それと関わって子ども達の教育文化面での格差となって学校教育の基盤を突き崩している。今や教師達は、朝決まった時間に起きて朝食をとってから登校し、下校後は宿題をすませ、翌日の準備をしてから就寝する、などの生活リズム、生活習慣ができていない子どもの指導も、家庭や保護者の責任と突き放すわけにはいかない。それらの子どもをも念頭に、学級のまとまりや活動リズムをどうつくるか力を試される。学校全体で検討し、自治体の福祉部門や社会教育担当者などとも連携した対応策が必要となる。学校は教育機関として今や教育と福祉が、学校教育と社会教育が連携し、効果的な対応策を生み出すことも考えねばならない。これからは地域社会学校をめざす以上、教師にもこれまでよりも広い活動のパースペクティブが必要になる。

また、格差は家庭内の言語や文化面でのコミュニケーションの状態にも表れており、それは子どもの学力にも関係してくる。子どもの読書習慣づくりを例にとっても、保護者も含めた家庭全体の習慣づくりとしていくことが効果的である。教師にはこれまでの行政上の仕切りや境界を越えた、広い視野とマネジメント能力も求められるようになっている。教職をめざす人達に望みたいことは、学校とか教育とか教職などという言葉を字面だけで理解してほしくないことである。社会が大きく変化する中では、それらの中身も絶えず変化しているので、その変化を理解しないまま教育活動を公式的定型的にイメージする教師であってほしくはないのである。

3　学校の変化と拡大──「第1条校」を例に

　次に学校を例に考えてみたい。日本では「学校」という言葉は学校教育法第1条に挙げられているいわゆる「第1条校」に限られ、本書全体を通してこれに限って考察を進めていく。しかし、「第1条校」はこの数十年の社会変動の影響を受けて、かなり変化してきている。実際に学校教育法第1条の変化を見てみよう。

（昭和22年法律第26号）
　学校教育法第1条「この法律で、学校とは、小学校、中学校、高等学校、大学、盲学校、聾学校、養護学校及び幼稚園とする。」

　70年後、第1条は次のように様変わりしている。

（平成29年改正法律第41号）
　学校教育法第1条「この法律で、学校とは、幼稚園、小学校、中学校、義務教育学校、高等学校、中等教育学校、特別支援学校、大学及び高等専門学校とする。」

　ひとくちに「学校」と言っても70年の間に相当な変化があることが見て取れる。「養護学校」が「特別支援学校」に変わったのは、社会的経済的文化的環境が大きく変化する中で、従来の固定的で狭い発達観・障害観では対応できない「特別な支援」を必要とする障害が明らかになってきたからであろう。

　「義務教育学校」や「中等教育学校」という新しい校種が出現した。これには、日本社会の少子高齢化と過疎化の問題が影を落としている。それと同時に、終戦後に占領軍のイニシアティブで導入された6（小学校、初等教育）・3（中学校、前期中等教育）・3（高等学校、後期中等教育）制学校制度が制度疲労を起こしており、それへの対応という面からもとらえることができる。まず「義務教育学校」の誕生には、いわゆる"中1プロブレム"など小中学校間の教育接続の不足、不具合に起因する問題としてとらえるだけでなく、より積極的に、児童生徒の9年間の発達を新校種で一体的かつ連続的に保障しようとするものであるとも考えられる。

　また「中等教育学校」の新設についても、本来中学校から高校までの6年間を通して取り組むべき、青年期における能力・適性の「分化と総合」というきわめて重要な制度上の課題が、単に高校教育だけの問題に限定され、3年間の高校教育の中に総合制や単位制を導入する部分的な制度改革の試みに止まっていたのが、6年間の中等教育を2つに区切るのではなく、1つの「中等教育学校」の中で一貫的に教育し、青年期における「分化と総合」の課題に応えようとする制度的な改革提案でもある。

　しかし今、学校と教師が置かれている状況変化は、より根本的で深刻なものである。すなわち、少子高齢化、過疎化、デジタル革命、IT化、飛躍的に進化するAI技術等が近い将来に現出する今とはまったく異なる世界を生きる子ども達のためにも、教育もまた抜本的な変革を迫られる。

　昨年告示された新学習指導要領では、知識の多寡を競うのではなく、知識理解の質の向上を図るために、課題解決型・教科横断型授業や児童生徒主体のアクティブ・ラーニング等の授業改革と、そのために必須のカリキュラム・マネジメント力を教師に強く期待している。

　ここで期待されているのは、いわば専門職としての教師像である。そこで、

以下では、日本の教師がどのような「期待される教師像」のもとに教育の歴史
を刻んできたかをたどることにする。

4 近代公教育制度の成立と師範学校教育

（1）「学制」公布と教員養成制度づくり—教師論の始まり

　明治維新後、上からの近代化を急ぐ新政府は、早くも1872（明治5）年に
は太政官布告「学制」を公布して近代学校教育制度の整備に着手する。以下
は、『学制百二十年史』（文部省）(7)によりながら述べていく。

　特に小学校については全国津々浦々に普及させることを意図し、「学制」に
先だって出された「学事奨励ニ関スル被仰出書」（仰セ出ダサレ書）において、
これから国民が自分で新しい社会をそれぞれの場で立派に生きていくためには
「身ヲ修メ智ヲ開キ才芸ニ長ズル」（修身開智長芸）ことが不可欠であり、これ
を身に付けるためには学ぶことが必要である。これが今回全国に小学校を設置
する理由である。従来は教育など有害で不必要だとする古い因習にとらわれた
考え方があったが、これからは国民である以上は、誰もが学校で学ぶ必要があ
る。政府としては今後は「村の中に学校に子どもを通学させない家がないよう
に、家の中には学校に行かない子どもがないようにしたい」として全国的に学
校設置と就学を督励した。中央・地方政府の督励によって、しだいに就学率も
向上した。

　この義務制の国民教育制度を維持するためには、国が定める一定の資格を有
する大量の小学校教員を計画的に養成する制度の整備も急務であった。新しい
教育方法を身に付けた教師である。当初は、教師に任命された元寺子屋師匠や
士族層などに小学教則と授業法を現職講習させるにとどまっていたが、やがて
教師の新規養成を開始した。『学制百二十年史』によると、すでに学制公布に
先立って師範学校を設立し、それまでの教育のあり方への批判から、教具教材
はすべて米国から取り寄せ、お雇い外国人を教師とし、その指導により、米国
公教育での教授法を導入するとともに、小学校の教育課程や教科書の編纂にも
当たることとした。

　こうした教員養成についても欧米を模範とする開化期の政策を、当時の極端な欧化主義の表れと断定すべきではない。なぜそうしたかについて同書は、新政府には、江戸期の寺子屋の師匠や士族層に講習を施しただけでは不十分であるとの認識があったからだとしている。何が問題であるとされたのか。児童の心性や発達段階に配慮した教育内容や教授法など近代的な教育は期待できないと判断した。だからこそ逆に、モデルを欧米、この時期の場合は特に米国の公教育にこそ求めたのであり、新しい教員養成機関の制度設計こそ、欧米を模範とすべきであるとする積極的な意図があったのである。

　とは言え、19世紀前半から維新期あたりまでの日本の教育が全体として、学習者の心性や発達の特性を無視した前近代的な教授法に頼るだけの師匠ばかりではないことも踏まえておきたい。たとえば、江戸後期だけを見ても全国各地に有名な私塾が出現しており、それらはいずれもすぐれた教師（師匠）が指導していた。たとえば、大阪適塾の緒方洪庵や、豊後日田の咸宜園における広瀬淡窓などは、教育内容や教授法、評価方法やさらには生徒同士の関係づくりにいたるまで教育活動全体をシステマティックにとらえ、多くの工夫をもとにさまざまな教授法の改善を行っていた。そうした優れた近代的・専門的な指導者もいたのである。彼らは、後にその子弟達への献身ぶりが強調され偶像化され、聖職者のイメージで語られるようになるが、その実際の活動から浮かんでくるリアルな教師像は、むしろ近代的な専門職としての教師像でもあることに注目したい (8)。ただ、こうしたすぐれた教師達は、当時としては向学心旺盛なエリートの養成塾である私塾の教師であったことも事実である。

　それに対して、新政府が緊急に対応しなければならなかったのは、こうした優れた私塾の教師というよりも、全国隅々にまで設置する小学校の教師を養成することであった。一定の資質能力を備えた教師を全国的に計画的に養成することであった。同一年齢の児童達から成る学級をつくり、教師は各教科の授業において与えられた教科書を用い、内容を正確に教授できる必要があった。教育の質を一定程度に維持していくためには、教育の内容を統一し、教育の方法と教育の過程を一定のものとして規格化、標準化する必要があった (9)。その意味でも教師は国家の教育目標を忠実かつ確実に達成する下僚であることが

期待される。こうした教育目標としての国家目的の達成に忠実な教師を計画的に大量に養成する機関の創設は、近代国家の形成に不可欠のものであった。そのモデルは産業革命期の工場制生産のアナロジーでとらえることができよう。

　師範学校はその後さまざまな経過をたどり、やがて文部省は各府県に尋常師範学校を設立するに至る。

（2）「聖職者」像の２つの系譜

①「国家の教師」が具備すべき徳性―「順良信愛威重」の強調

　さて、聖職者としての教師論の系譜をたどる時、抜きにしては語れないのが、戦前日本の教員養成の骨格であった師範教育制度の基礎を築いた初代文相森有礼（1847 - 1889）である。彼は公教育形成の要は教師の資質にあるとして、師範学校の整備に尽力した。明治19年師範学校令を公布し、その第１条には次のように示されている。

　「生徒ヲシテ順良信愛威重ノ気質ヲ備ヘシムルコトニ注目スヘキモノトス」

　この異例のただし書として付された「順良信愛威重」は、後の師範教育令によってわが国の教師の「徳性」とされ、必要な資質と見なされた。すべての師範学校は、この三気質を組織的に育成するために全員寄宿舎制を採用し、軍隊式教育や訓練を導入した。その後、師範学校制度はたびたび改正されるが、師範教育が掲げるこの基本方針は第二次世界大戦敗戦まで不変であった。

　森文相が掲げた「順良信愛威重」は、師範教育が養成する教師は何よりも国家が掲げる教育目標に対して忠良従順であり、児童に対しては、そうした国家の信任を得た「国家の教師」として権威者として行動する教師であるべきだとするとらえ方である。いわゆる「聖職者としての教師像」とは、教師は天―いうまでもなくここでの天とは国家のことであり、天皇であるが―から与えられた天皇の赤子である国民の子弟の教育を託されているという意味で天職（vocation）であり、森が掲げた三気質を徳性とし、献身的に職務に精励する態度を理想とする教師像である。世俗的な営利を追ってはならず、自分を犠牲にしても身を挺して職務に奉仕する態度を理想とする教師像である。ただ、師範学校教育は一方で、その価値観、教育観の面でステレオタイプな教師の養成を

14

行ってきたことから、卒業生に対しては「師範タイプ⁽¹⁰⁾」という形容がなされてもきた。しかし、師範教育が今日に至る日本の教員養成教育に影響を与え、例えば「教育実習」等の用語は今なお用いられ、目標とされる内容であったことなど、時代を超えて評価されている点が少なくない⁽¹¹⁾。

②子どものために命をかける教師—献身的教師像

　もう1つ、教師聖職者像に新たなイメージが付け加わった。「子どものために命がけで教育に精励する教師」というイメージである。これが「聖職者的教師像」をさらに普及定着させたとされる。その社会的要因として、明治末期から大正時代になって義務教育が4年制から6年制に拡大し、師範学校への入学資格である高等小学校への進学者が増え、それに伴い、旧士族層などに代わって農民層出身者が多数派を占めるようになったことが関係しているとされる。そしてこの人達に教師魂を植えつける国家の思惑から、教師とは時に命を捨てても子どもを守るものだ、という新しい「子ども思いの献身的教師像」が生み出され定着していった、とされる⁽¹²⁾。

　すでに述べた戦前における1つ目の聖職観、つまり教職は、天である天皇の赤子としての子どもを預かって育てる尊い天職であるという「聖職としての教師像」に加えて、この新しい聖職観は、久冨が指摘するように、戦後になって天皇制の枠組が外れ、職業に貴賤なしとされてからも「子ども思いの献身的教師像」の意味での聖職観として生き続けた。子どもへの「献身」や「使命」を強調する戦後的聖職観は、社会的に広く受け入れられ、何よりも教員自身にとっても自らの存在意義を分かりやすく説明してくれるものであった。

　もちろん、久冨が的確に解説しているように、教員全員が「子ども思いで献身的」だというのはフィクションであり、その「社会の共通認識としてのフィクション」が教師たちを内面から支え、なおかつ教師と子ども、教師と親の関係を良好に保ち、教師という仕事が本来持つ難しさを和らげる効果を発揮してきたことは確かであろう⁽¹³⁾。

（3）教師の使命感

　この戦前の教師に強く求められ、当然師範教育で強調され、そして今でも教師の資質が問題とされるたびに決まって強調されるのが教師の「使命感」という言葉である。

　今日、教員のあり方が問題にされるとき、聖職観に立つ教師像を評価する声は少なくない。明治以降、わが国がこれだけの発展を成し遂げたのは、教職を天職、聖職と信じ、強い使命感に裏付けられた教師達の献身的な努力の結果だと考える国民は、そして当の教師自身も少なくない。しかし、教職のあり方や特質を常に「使命感」という言葉でしか考えられない教師達が今、難しい状況に追い込まれていると考える。そういう教師達が次に取り上げる際限のない長時間勤務を受け入れ、一方で使命感という言葉を簡単に口にする世論が学校現場に蓄積した問題を放置してしまっている。

　以下は、日本の教員の労働時間の極端な多さを報じた新聞記事からの抜粋である。

　OECDのまとめによると、日本の公立学校の教員の2015年の法定労働時間は年間1891時間。加盟国の平均より200時間以上多く、中学校教員で比べると4番目に長かった。ただ、日本の教員が授業にあてる時間は小学校742時間、中学校610時間、高校511時間。いずれも加盟国平均より短く、労働時間に占める割合も小学校39％（加盟国平均49％）、中学校32％（同44％）、高校27％（同41％）といずれもより低かった。OECDは「教育相談や課外活動、職員会議など、授業以外に多くの時間を費やすことが求められているためである」としている[14]。

　しかし、この問題の根は深い。教師の多忙や過重な長時間勤務を教師自身に受け入れさせてしまっているのは、この2つ目の聖職観に他ならないからであり、休日にも出勤してクラブ活動の指導に携わることを期待し、自分の生活を顧みないで生徒指導に打ち込む教員を「熱心な先生」と評価する社会や地域住民・保護者の教師像の中身もまさしく2つ目の聖職論だからである。

　国家や社会、あるいは保護者の教師に対する期待の中身が、そして教師自身が自分の依って立つアイデンティティを支えているものが、いずれも「子ども

思いで献身的」という2つ目の意味の聖職観だとすると、教師の多忙感や長時間勤務の問題を解決する隘路（あいろ）は開けない。

　しかし、重要なことは、久冨の次の指摘である(15)。

　　「そうした『献身的教師像』や『聖職としての教師像』が国民の間で保持されていた1950年代は、日本の『教師の黄金時代』で学校や教師への信頼感は強かったが、その後不登校やいわゆる落ちこぼれの増加、学校の荒廃が表面化すると、しだいに学校や教師への信頼は減り始め、さらに学校や教師の信頼できない面が取り沙汰されるとともに、問題教師の姿がマスコミで喧伝される。それまで国家は教師を一貫してバックアップしてきた。『献身的教師像』と『聖職としての教師像』の定着も支援した。教師としては、教師の地位と権威は国家が守ってくれていた。しかし、国家と教師の関係の構図は変わった。現在の教育改革と教員制度改革は、『教師に対する国民的不信』を追い風に政策の正当性を示す基本戦略をとっている。つまり、今の学校や教師を信用できるようにつくり変えるという戦略である。」

　さらに久冨等は、そうした状況の中で、特に苦境に立ちやすく、孤独に追い込まれがちな新任教師をいかに支えていくかを真剣に考えるべきだとしている(16)。そうした状況の中で、次に2つ目の教職観、いわゆる「教師労働者論」「労働者的教師像」を、その後に3つ目の教職観として「専門職的教師像」を取り上げてみる。言うまでもなく、これら3つの教職観は独立したものではあり得ない。相互に連続的かつ否定的に関係し合っている。

（4）労働者としての教師像

「教師労働者論」とは、教員組合運動を基盤として広がり、教師が人間としての生活を充実、向上させる要求を持つことは当然とする考え方であり、主張である。日本の教師は戦前の国家主義教育体制のもと批判を封殺され「聖職」として滅私奉公的な協力を強いられ、一方で、特に小学校教師の場合には国家

体制の下僚として、待遇は恵まれてはいなかった。戦後になってもこの傾向は変わらなかった。

　戦後の公務員制度の切り替えに伴い、教師は「教育公務員」として一般公務員とは異なる扱いを受けた。公務員には勤務時間の長短で号俸に差をつけられたが、教師には勤務の特殊性を認めて僅かだが一般公務員よりも高く号を付け、そのために１週間の拘束時間は48時間以上とした。これは教師の勤務時間が単純に測定できない性質のものであるためとしている。それは反面で教師の仕事が内容的に測定ができないほど密度が高いものであるとしてその特殊性を認めたが、時間外勤務の時間数に応じた給与措置である時間外勤務手当は、教員の場合は法の適用除外となって支給されず、代わって全員一律に給料に４％の定率を乗じた額の教職調整額が支給されるという形になり、それが現在まで続いている (17)。

　これが後に、教師の勤務の実態を知らない人々や教師に過大な要求をする人々の間に「先生は優遇されて安定している」との誤解を生むことにつながった。このような状況に教師達は従ってきた。毎月100時間にも達する時間外勤務をしてでもこの調整額である。こうした待遇を教師自身に受け入れさせてきたのは何か。これも他ならぬ「献身」としての「聖職者的教師像」だった。現在の教師は、学校内外で頻繁に起こっている子どもをめぐるほとんどすべての事象に関わらざるを得ない。教育委員会等への各種調査や報告にも追われている。加えて保護者への対応も難しい。保護者との牧歌的な関係は今や昔の話で、むしろ教師を信頼しようとしない保護者さえいる。保護者との関係づくりは手探りである。個人情報の取り扱いにはことのほか気を遣う。さらに近年、ますます「子どもの目線での丁寧な指導」が求められるようになると、教師の指導は目配り、気配りを含めて一層細かくなり、手作業を伴う仕事量が増大する。

　長年、「教師は聖職である」という聖職観に馴染んできた多くの教師にとっては、「教師は労働者でもある」と口にすること自体かなりの覚悟を要することに違いない。ましてや「教師は労働者である」と宣言することは多くの教師にとって禁句だった。しかし、教師の業務に評価が入ってきて、今や日常的に評価にさらされるようになってきている。そうした時、教師にとって必要な

とは、多忙感に疲労しきっている現状から脱け出すことであり、それには教師の仕事を対価を伴う労働として対象化し定量化してみることも必要なのである。聖職観と労働者観は決して相容れるものではない。それらは、互いに否定的に媒介し合っている。

　教師の仕事を「働く側」からとらえれば、当然のことながら、労働力を売って報酬を得る労働の一環であり、その報酬を使って生活の資を得、それを消費して次のよりよい教育実践のための準備をしたり休息を取ったりする。岩田が指摘するように、この考え方と「聖職」として教師に「献身」を求める考え方は相容れない。今、想起する必要があるのは、日本教職員組合（日教組）が1952（昭和27）年に制定した「教師の倫理綱領」で、「教師は労働者である」「教師は生活権をまもる」と宣言した背景にあるものである。そこでは「清貧にあまんずる教育者の名のもとに、自己の生存に必要な最低限の物質的要求さえ、口にすることをはばかってきた。自己の労働に対する正当な報酬を要求することは、過去の教師にとって思いもよらぬことであった」と総括した上で、教師達が「自己の生活権をまもり、生活と労働のための最善の条件」を訴えたものであった。それから70年、教師という職業を「ディーセント・ワーク」（人間らしい仕事）であってほしいという訴えは、今なお主張すべき意義を失わない。岩田は重ねて言う。それどころか近年の新自由化論のもとで労働力が買い叩かれていく傾向が強まっている時、どのように説得力を持たせていくのかが問われている。繰り返し言えば、教職が聖職と言うほど尊く高い社会的な地位を有する職業であるならば、その「高い地位」は「待遇」を抜きにして、俸給や休息の問題を置き去りにして論じることは許されないはずである⁽¹⁸⁾。すでにILO（国際労働機関）とユネスコ（国際連合教育科学文化機関）は半世紀も前の1966年に共同で、「教員の地位に関する勧告」を行っている。そこでは、教員の地位と待遇は一体的にとらえ対処されるべきこととして、次のように規定されている。

「1. 本勧告の適用上、
　(a)「教員」という語は、学校において生徒の教育に責任を持つすべての

人々をいう。

(b)「教員に関して用いられる『地位』という表現は、教員の職務の重要性、およびその職務遂行能力の評価の程度によって示される社会的地位または尊敬、ならびに他の職業集団と比較して教員に与えられる労働条件、報酬、その他の物質的給付等の双方を意味する。」[19]

　要するに、教師の地位だけを待遇の問題から切り離して強調することは許されないのである。

　その後、この勧告に1997（平成9）年の「高等教育教職員の地位に関する勧告」が付け加わり、2000年に2つの勧告を合わせ、両方を取り扱う「ILO／UNESCO教職員勧告適用に関する合同専門家委員会（CEART）」が設置され、以後、本勧告の推進と各国の実施状況の監視に当たっている。

　2006年、「世界教員の日」の10月5日には、ILOとユネスコなどは共同声明を発表している。これは、前の勧告の時から40年過ぎ、2015年を「万人に教育を」の目標達成年としつつ努力してきているが、世界全体で教員不足が深刻化し、「教育制度の中心である教員に好ましい条件を確保することが重要であること」から、「人間らしく適正な雇用及び労働条件、十分な報酬を通じて、教員の決意とモチベーションを引き上げ、専門的に支援していくことが必須」と強調したものである。本勧告には、単に報酬だけでなく、養成、研修・継続教育、採用、昇進・昇格、労働時間、休憩・休日、身分保障、懲戒等、教師が望ましい教育ができるよう必要な条件整備を各国に求めている[20]。教師労働者論は、端的に言えば、従来とかく軽視されてきた教育活動の外的条件整備の重要性を強調したものであると言ってよい。

（5）教職を専門職としてとらえる視点

　前述のILO／ユネスコ勧告のポイントは、教職の特質を「専門職」として位置付けようとしていることにある。わが国で現在強力に進められている教育改革の中心的な課題は、教師の指導力アップであり、その具体策の1つが教職大学院である。

a. 専門職の概念規定

専門職の定義は様々であって一定ではない。しかし、今われわれが教職大学院で養成しようとしている専門職としての教職とは、①伝統的な確立された専門職と見なされてきた医師・法曹・聖職者などの独立自営の自由専門職ではない。どこかに雇用された被雇用専門職であり、そこに専門職の大きな変化が見られる。

さらに、②産業化の進行に伴って技術者・経営者などの「新しい」専門職群が出現し成長しているため、専門職の範囲が多岐にわたり、それだけに定義が難しくなっている。そして、③ここで取り上げている教師や看護師・ソーシャルワーカーなどの「準専門職」と呼ばれる職種の出現と増加がある。さらに、④自分達の職業の社会的威信を高めることを目指す「自称専門職」が増加している [21]。極端な言い方をすれば、専門職が社会に溢れている。教職は"準専門職"と位置付けられているが、専門職としての確実な根拠を構築するためには、以下の努力が必要であると考える。

b. 研究者と教師の間の通じ合う関係づくりと交通整理

今日われわれが考える教師と大学との関係づくりとは、伝統的な専門職を例に言うならば、大学の研究・教育で用いる概念・言語が、実践家（教師）が現場で用いる概念・言語と通じ合う関係を構築することを意味する。教職を専門職として確立するには、特に、教師と教育研究者がそれぞれのフィールドで用いる概念・言語で相互のコミュニケーションが成立するように交通整理することである。教師が専門職として現場で直面している様々の困難な課題に応え、広く信頼を獲得していくためには、まず第一歩として必要なのがこの意味での交通整理である。たとえば宇佐美が教師や看護師など「準専門職」に含められる人々の指導計画、日記、実践記録を材料に、そこで使われる概念・言語を分析し、その分析過程を通して教育学者と実践家との有効なコミュニケーションを生み出している事例が参考になる [22]。この試みは、何よりも、以下のような困難な状況、すなわち、教師に学校で起こるすべてのことの責任を負わせる

スケープゴート化が進み (23)、前述したように保護者の間に「授業が分からない」のは「子どもの勉強不足」ではなく「教師の力不足」が原因とする傾向が強まっている状況であり、特に前述の新採教師が組織の中で苦境に陥り孤独に追い込まれやすいという状況である。そうした保護者と教師との信頼関係の隙間を突くかのように、塾講師が「教えるプロ」として堂々とマスコミに登場し、月に何十時間も時間外勤務を強いられる公立校の教師などは時にアマチュア扱いされかねない状況である。こうした大学との新たな関係づくりは、これらの教師に専門職としての自信と誇りを生み出すに違いない。

　この試みは、大学の側から見れば、現場教師からの大学への批判、例えば「教科専門重視と教職専門軽視」「理論研究重視と実践研究軽視」「実践からかけ離れた大学の研究教育」等々の批判にも答えることにつながるはずである。

おわりに

　教職をどうとらえるかは広く深いテーマである。教育についての書物をたくさん読んでもわかるものではない。しかし、教育の歴史を刻んできた多くの思想家や実践家の足跡を少しでもたどると、教職課程に学ぶみなさんの教育についての内実は確実に広がり、深まり、そして高まるはずである。それとともに、できるだけ子どもと触れ合ってほしい。子どもと過ごす時間と体験は必ずみなさんの教育観、教職観を育ててくれると思う。そしていろいろな人間と付き合い、人はさまざまであることを体験してほしい。

　そして最後に、できるだけ多くの本を読んでほしい。実は、筆者は学校の先生方の書かれる論文などを読む機会が多い。そこで感じることは、もう少し読書量を増やしてほしいという思いである。あの "知の巨人" 立花隆氏もいうように、私達の考える力を育て鍛えてくれるのは結局読書しかないからである。たくさん読み、あれこれと思い悩み、多くの人と接し、しっかり考えれば、もうそれだけであなたは立派な教師であり、いずれ必ず「子ども達の学びを支える」教師になれるはずである。

　すぐれた実践的指導能力が重視され、そのことと関わって教育現場から実務

家教員が多数登用されることが多い。一方で、教育現場の期待には十分に応えることができなかったとは言っても教育諸科学の研究の蓄積と切り離された専門職養成では、そこで得られた資質・能力は必ずしも教師の資質・能力を育て、社会的な「威信」を生むことにはつながらない。繰り返すが、専門職としての教師への国民の期待は、一にかかって、子ども達の学びを支え続ける教師であるかどうかであって、それ以上でも以下でもない。

〈註〉
(1) 平安時代には大学や国学の他に貴族が一族の子弟を対象とした世襲のための家学や空海による庶民教育のための綜芸種智院など。
(2) 室町時代足利憲実による最古の大学とされる足利学校など。
(3) なお日本だけでなく中世以降のヨーロッパでも庶民教育の内容は読み（Reading）、書き（Writing）、算（arithmetic）（3R's）が中心であった。
(4) 江戸時代初期岡山藩主池田光政による庶民教育の学校で後に学校経費用の学校田まで備えた閑谷学校、漢学者広瀬淡窓が豊後日田に創設した咸宜園、江戸期後半に水戸弘道館、萩明倫館等各藩が競って設けた藩校、さらに郷校等が挙げられる。
(5) 堀尾輝久、『現代教育の思想と構造』、pp.315-316、1981、岩波書店
(6) 近藤博之・岩井八郎編著、『教育社会学』、pp.24-37、2015、放送大学出版会
(7) 文部省、『学制百二十年史』、第一章第四節、1992
(8) 山住正巳、『日本教育小史―近・現代』、pp.14-15、1992、岩波書店
(9) 例えば有名なヘルバルト派の五段階教授法等が広く流布した理由もこれである。
(10) 大田堯編著、『戦後日本教育史』pp.156-157、1980、岩波書店
(11) 山田昇、「師範学校の教育とその改革を見直す」、船寄俊雄編著『教員養成・教師論』、辻本雅史監修『論集：現代日本の教育史2』、pp.431-437、2014、日本図書センター
(12) 久冨善之、転換期にある教師像―「献身的教師像」を越えて、「教師に対する国民的不信を追い風に利用した教育改革」、ベネッセ教育研究所、Berd 2008 No.14 p.2　http://berd.benesse.jp/berd/center/open/berd/backnumber/2008_14/fea_kudomi_02.html
(13) 久冨善之、前出（12）のインタビュー
(14) 杉原里美、「日本の教員、労働時間はトップ級、授業にあてる割合は…」、朝日新聞デジタル、2017年9月12日号
(15) 久冨善之、前掲インタビュー、p.1

(16) 久冨善之・佐藤博、『新採教師はなぜ追いつめられたのか―苦悩と挫折から希望と再生を求めて』、2010、高文研

(17) 文部省、『学制百年史』、第二編第一章第五節四、1981

(18) 岩田康之、「教職をとらえる視点」、岩田康之・高野和子編『教師教育シリーズ　教職論』pp.42-43、2016、学文社

(19) 『教員の地位に関する勧告』（抄訳）1966年9月21日～10月5日　ユネスコ特別政府間会議採択：「教育条約集」（永井憲一監修・国際教育法研究会編）三省堂：http://www.mext.go.jp/b_menu/shingi/chukyo/chukyo8/gijiroku/020901hi.htm

(20) 両勧告が1つにまとめられた経緯等は下記参照。
http://www.ilo.org/wcmsp5/groups/public/---asia/---ro-bangkok/---ilo-tokyo/documents/article/wcms_249624.pdf

(21) 小項目「専門的職業」、日本教育社会学会編『新教育社会学辞典』、pp.576-577、1986、東洋館出版社

(22) 宇佐美寛、例えば、『新版・論理的思考』、1989、メヂカルフレンド社、『「道徳」授業における言葉と思考―ジレンマ授業批判』、1994、明治図書出版など。

(23) 佐藤学「Ⅲ　反省的実践家としての教師」、佐伯胖・汐見稔幸・佐藤学編『学校の再生をめざして　2　教室の改革』、pp.109-111、1992、東京大学出版会

第 2 章

職業としての教職

はじめに

2017（平成29）年度の学校基本調査によると、全国の幼稚園、幼保連携型認定こども園、小学校、中学校、義務教育学校、高等学校、中等教育学校、特別支援学校では、110万人を超える人が教師として働いている。これだけ多くの人が就いている教師の仕事とは、いったいどのようなものなのだろうか。

この章では、教師の仕事である教職を職業という側面から見たときに、どのような特性をもった職業なのか、職業としての魅力はどのようなところにあるのか、進路として教職を目指していく上でどのような心構えや準備が必要なのかなどについて、他の職業と比較しながら述べていきたい。なお、この章での「学校」は、学校教育法で示されている学校の中から「大学及び高等専門学校」を除いたものとして押さえることとする。

1　教師の仕事とは

（1）教師とは

学校教育における教師は、子どもたちや保護者、地域住民などからは「先生」と呼ばれている。もともとの意味はさておいて、日常用語である「先生」という言葉は、相手に対する尊敬、信頼、感謝などを感じさせる言葉ではないだろうか。教師を目指す学生が、教育実習の場で初めて子どもたちから「先生」と呼ばれた時の感動には言葉で言い表せないようなものがあり、教師を目

指す動機付けにもつながるものであろう。教師は、その職業的特徴や人格的な面から、子どもたちや親たちから敬われ、信頼され、慕われ、安心して教育を任せられるべき存在なのである。

教師について法令上ではどのように記されているかというと、教師は教育職員（教員）と呼ばれており、その定義は、教育職員免許法第2条において、学校の主幹教諭、指導教諭、教諭、助教諭、養護教諭、養護助教諭、栄養教諭、主幹保育教諭、指導保育教諭、保育教諭、助保育教諭及び講師であると示されている。そして、教育基本法第1条では、「教育は、人格の完成を目指し、平和で民主的な国家及び社会の形成者として必要な資質を備えた心身ともに健康な国民の育成を期して」行うことが目的であると定められている。したがって、その目的を達成するために学校教育を実践していくという重要な役割と責任を任されている者が教師ということになる。また、公的な役割と責任を社会から与えられていると同時に、将来を担う子どもたちを育てていくという点で、社会から大きな期待が寄せられている者が教師であるといえる。

（2）教育公務員としての教師

公立学校の教師は、その勤務する学校を設置する地方公共団体の職員であり、地方公務員という身分でもあるため、その服務に関する基準が法令で定められている。根本基準は、日本国憲法第15条に「すべての公務員は、全体の奉仕者であつて、一部の奉仕者ではない。」と謳われ、それを受けて地方公務員法第30条では「すべて職員は、全体の奉仕者として公共の利益のために勤務し、且つ、職務の遂行に当つては、全力を挙げてこれに専念しなければならない。」と規定されている。

特に教師は、教育を通じて国民全体に奉仕する教育公務員として、子どもを指導する立場から倫理性や中立性が求められる。そのため、職務に服する際に守るべき義務や規律（服務）が厳しく定められている。具体的には、職務を遂行するに当たって守るべき義務（職務上の義務）として、服務の宣誓、法令等及び上司の職務上の命令に従う義務、職務に専念する義務がある。また、職務の遂行にかかわらず公務員の身分を有する者が守るべき義務（身分上の義務）

として、信用失墜行為の禁止、秘密を守る義務、政治的行為の制限、争議行為
等の禁止、営利企業への従事等の制限が規定されている。

（3）教師の仕事の特徴

　教師の仕事を一言で言うならば、学校での教育を通して子どもの人間的な成
長を援助し社会的自立を支えることである。その仕事の特徴として、①無境界
性・無限定性、②不確実性、③多元性・複線性、④再帰性などが挙げられる。

①無境界性・無限定性

　教師は子どものことを第一に考え、自分の生活を犠牲にしてまでも献身的に
職務に勤しんでいる。そもそも教師を志す人は子ども好きで、子どもと触れ合
い、ともに遊んだり学んだりすることが好きな人が多い。そして学級担任になれ
ば、学級の子ども全員をまるで我が子のように思い、子どものために尽くす
教師が多い。しかし、子どものためになるからといってやろうと思えば、どこ
までやっても終わりということはない。子どものためを思ってする教師の仕事
には、ここまでやればよいという境界や限定はないのである。

　さらに、子どもの成長を援助するとはいっても、その成長の結果は数値で表
せるようなものではなく見えにくいものである。また、子どもの成長はすぐに
結果が出るものは少なく、教育の積み重ねにより長期的な変化として表れるも
のがほとんどである。「子どもの頃はあんなだったのに、10年ぶりに再会する
と見違えるように立派な社会人になっていた」などということはよく耳にする
言葉である。その時に結果が出なくても、蓄えてきた力が将来いつの日か突然
発揮されることも稀ではない。要するに、今教師が子どもの教育に情熱を傾け
て取り組んでいることが、その成果となって表れにくいということが、教師の
仕事をより無境界で無限定にすることに拍車をかけているのである。

②不確実性

　また、教師の仕事は不確実性という特徴をもっている。子どもをこのように
指導すれば必ずこのようになるということはありえない。例えば学習指導で考

えると、ある学級で効果的であった教育実践が、いつでもどこでも必ずうまくいくとは限らないのである。この学習内容であればこの方法で授業をするのが一番よいという方法など存在しないといってよい。なぜならば、使用する教材、発問、学習形態、板書などの中心的な要素以外にも、教師自身の状態、子どもの状態、教師と子どもの関係、子ども同士の関係、集団の風土、時間、その他様々な要素が学習に影響を及ぼすからである。学習指導以外の場面でもそれは同じである。そのことについて吉岡（2012）は、「学級経営や生徒指導に関しては、教育実践は常にきわめて複合的なものであり、「一回的」なものとしての性格を内在させている。」[1] と述べている。様々な要素が絡み合う複合的な性質をもち不確実性なものであることが、教育実践を難しくしているのである。しかし、それと同時にこの不確実性が、常に新しいものを創造するために挑戦し続ける面白さにつながっているとも考えられる。

③多元性・複線性

秋田（2015）は、教師の仕事について「多様な種類の仕事を、同時に並行して担うという仕事内容の多元性と仕事時間の複線性をもっている」[2] と述べている。

日本の教師は諸外国と比較しても教科指導以外にもやっていることが多く、子どもが学校にいる時間すべてが指導の対象となる。生活習慣の指導、集団の中の人間関係の指導、給食指導、清掃指導、部活動等の課外活動の指導、登下校の指導など、学校生活全般にわたって子どもの人格的成長にかかわる指導を行っている。また、保護者への対応や地域との連携活動なども行っている。こういった日本の教師文化の中で誠実に職務を果たそうとすれば、その仕事内容は多元的にならざるを得ないのである。

たとえ仕事の内容が多元的でも、一つ一つに集中して取り組むことができればよいが、実際には時間的に同時に行わなければならないことが多い。そこで、その中の中心的な仕事を優先して進めていくことになる。しかし、例えば子どもがけがをしてしまうなど、学校では予期しないことがいろいろ起こる。それによって仕事の優先順位も絶えず変わっていくという複線性をもっている

のである。今、何を優先すればよいかを判断することは、経験の浅い教師だけでなく、経験豊富なベテランの教師であっても難しいことである。

④再帰性

　さらに、教師の仕事の特徴として、再帰性が挙げられる。再帰性というのは、仕事として行ったことが自分に跳ね返ってくるということである。子どものために精一杯努力したことで子どもが成長し、それが教師の喜びや満足感につながることがある。さらに、成長できたことによって子どもや保護者から感謝されることもある。このような経験をすることによって、教師は、自分が頑張ったことが報われたと感じることができるのである。つまり、心理的報酬や満足感を得られるわけである。反対に、教師が手を抜いてしまえば、それもまた教師自身に不幸な結果となって返ってくる仕事でもある。「子どもは教師を映す鏡である」という言葉があるが、教師が取り組んでいることが子どもの姿に表れて自分自身に跳ね返ってくるという、再帰性の特徴をよく表した言葉だといえよう。

　しかし、無境界性・無限定性の項でも述べたが、子どもの成長した姿が結果として表れることによって感じられる心理的報酬は、取り組んですぐに得られることは少ない。それが、教師に多忙感をもたせ心身を疲弊させる要因の一つになっていると考えられる。

（4）他の職業との違い

　これまで述べたような特徴は、教師という仕事にだけみられるものだろうか。結論から言うと必ずしもそうではない。どのような職業であろうと、仕事をしながら自分自身も成長し自己実現を目指すためには、ここまでやればよいというものはないはずである。また、努力の見返りは、形は違えども努力した本人に返ってくるものである。さらに、決まった1つのことだけを何も考えずにしていればよいとか、同じように仕事をすれば必ず同じ結果になる仕事ばかりではないはずである。そのことに関して、前項で指摘した①から④までの教師の仕事の特徴は決して教師という仕事だけの特徴ではないことを、新井

（2010）は次のように述べている。なお新井は、先述した①無境界性・無限定性を「教師の仕事は、いくらやってもきりがない（無定量性）」と「教師の仕事の範囲は、際限なく広がっていく（無境界性）」の２つに分けて捉えている。

　「これらは教職だけの特徴では必ずしもないということである。とりわけ、無定量性と不確実性は、例えば学問研究の特徴でもある。学問研究もいくらやってもきりがないし、確実に結果が出るという保証はない。研究に限らず、医療や看護も、スポーツや芸術も、商品を製造し販売するといった経済活動でさえも、これでよいということもなければ、確実に成果が出せるというものでもない。その道のプロたちは、成果を上げるために、人知れず努力を続けている。」(3)

　それではいったい何が他の職業と違うのか。その大きな違いと考えられる点を２つ挙げてみたい。

　まず１つ目は、教育職員免許法の第３条に「教育職員は、この法律により授与する各相当の免許状を有する者でなければならない。」と定められているとおり、教員免許状をもっていないと仕事に就くことができないということである。医師や弁護士であれば国家試験を受けて資格を取得するわけだが、教員免許状は、教職課程のある大学や短期大学で必要科目の単位を修得するか、あるいは教育職員検定に合格することによって取得できる。その上で各都道府県が実施する公立学校教員採用選考試験を受験し合格することによって、教師になることができる。試験では、各都道府県が求める教師像にしたがって、専門性、人格的要素を重視して選考されるのである。

　２つ目は、採用されたその日からベテランの教師と同じ仕事を任されるということである。小学校の教師であればほとんどの場合、初任の年から学級担任も任される。最近の大量退職に伴う採用数の増加の影響で、中学校でも１年目から学級担任を任されることが増えてきている。勤務が始まった数日後には、子どもたちから「先生」と呼ばれ、授業も行うのである。他の職業であれば、１か月から数か月の研修期間を経てから部署に配属され、配属後も上司とペア

になって仕事をたたき込まれる期間があることが多い。その点教師は、初任者研修という仕組みはあるものの、常に仕事をしながらの研修である。したがって、このような初任者の時期に、いかにして先輩教師たちの仕事から教育の実践的な方法や技能を学び、吸収していけるかが重要になってくるのである。

2　教師にとってのやりがい

（1）教師の勤務の実態

2013（平成25）年にOECD（経済開発協力機構）が実施した国際教員指導環境調査（TALIS2013）の結果から、日本の教師の勤務現状とその課題について次の4つの点が指摘された[4]。

①校内研修等を通じて教員が日頃から共に学び合うことが、教員の指導実践の改善や意欲の向上等につながっている

②研修の参加意欲は高いが、業務のスケジュールや費用、参加への支援等に課題がある

③教員は、生徒の主体的な学びを重要と考えている一方、主体的な学びを引き出すことに対しての自信が低く、ICTの活用を含めた多様な指導実践の実施割合は低い

④教員の勤務時間は他の参加国よりも特に長く、人材の不足感も大きい

①は、授業研究を中心とした校内研修での学び合いが、日本の教師文化のよさとして国際的にも注目を集めていることと一致している。しかし、②から④に示されているように、日本の教師が抱える課題も多い。特に、教師の自己効力感（各項目についてどの程度できているか）に関する調査では、すべての項目（学級運営、教科指導、生徒の主体的学習参加の促進）において参加国平均を大きく下回っている。これについては、日本の教師がより高いものを求めるがゆえに自己評価が低くなったとも考えられるが、今後に向けての大きな課題ではないだろうか。

また、2016（平成28）年度に文部科学省は10年ぶりに教員勤務実態調査を実施した。それによると、教員の1日当たりの学内勤務時間について、表2-1、

表2-1　教員の1日当たりの学内勤務時間（平日）

時間：分

平日	小学校			中学校		
	28年度	18年度	増減	28年度	18年度	増減
校長	10:37	10:11	+ 0:26	10:37	10:19	+ 0:18
副校長・教頭	12:12	11:23	+ 0:49	12:06	11:45	+ 0:21
教諭	11:15	10:32	+ 0:43	11:32	11:00	+ 0:32
講師	10:54	10:29	+ 0:25	11:17	11:04	+ 0:13
養護教諭	10:07	9:38	+ 0:29	10:18	10:01	+ 0:17

表2-2　教員の1日当たりの学内勤務時間（土日）

時間：分

土日	小学校			中学校		
	28年度	18年度	増減	28年度	18年度	増減
校長	1:29	0:42	+ 0:47	1:59	0:54	+ 1:05
副校長・教頭	1:49	1:05	+ 0:44	2:06	1:12	+ 0:54
教諭	1:07	0:18	+ 0:49	3:22	1:33	+ 1:49
講師	0:56	0:17	+ 0:39	3:12	1:25	+ 1:47
養護教諭	0:46	0:07	+ 0:39	1:09	0:19	+ 0:50

※文部科学省「教員勤務実態調査（平成28年度）の集計（速報値）について（概要）」
をもとに作成した

表2-2のような結果が見られた。

　これらの結果から、10年前と比べると教員の勤務時間は職種にかかわらず増えていることが分かる。増えた時間を平日と土日で比べると、ほとんどの職種で土日の勤務時間がより多く増加している。平日には間に合わない業務を土日に行っている教師が多いと予想される。特に大幅な増加がみられるのは、中学校の教諭と講師の土日の勤務時間である。その業務の内訳をみると、土日の部活動指導の時間が、10年前よりも1時間4分長くなっていることが要因となっている。正規の勤務時間を超えるこれだけ多くの時間を教育業務に費やす教師の原動力となっているものはいったい何だろうか。その魅力とやりがいについて改めて考えてみたい。

（2）教師の仕事の魅力とやりがい

杉森（2016）は、教師の仕事のやりがいについて次のように指摘している。

　「教員の「やりがい感」は一般に、①労働待遇への満足感、②子どもとの関わりと職場環境への満足感、③対外的な評価への満足感、④働く内容への満足感の4つに分類できる。これらは、それぞれの教員の価値観によって重視する部分が異なり、さらにそれぞれの領域が重なり合いながら、個々の教員の「やりがい感」が形成されている。」(5)

　これらは、勤務時間と報酬、業務内容そのもの、評価と言い換えることができるかもしれない。前項で述べたように、勤務時間が以前にもまして増えてきている現状では、労働待遇への満足感は得られそうもない。そうなると、子どもとの関わりを含めた教師の仕事内容そのものへの満足感や、評価に対する満足感を見出せるかどうかが重要になってくるといえよう。

　「国民教育の師父」と謳われる森信三が、神戸大学教育学部での講義録をまとめた「理想の小学教師像」という著書の中で次のように述べている。

　「では教師という仕事は、なぜそんなに面白いかという問題ですが、それは私思うんですが、要するに一口で言ったら、その仕事が功利打算を越える仕事だという処からくるんじゃないでしょうか。　―中略―　教育のように、教師が真剣に子どもたちと取り組むと、子どもたちの生命が、どんな反応を示し、さらにはどのような生長を始めるかあらかじめ見当がつかぬというようなことは、他の職業ではちょっと味わえないことだと思うのです。」(6)

　「そして諸君らの教える子どもたちの中から、将来あるいは日本的な学者が出るかもしれません。しかし諸君にしてもし真に教育者らしい深い愛情をもって教えておいたならば、たとえその頃諸君はもう退職して、恩給ぐらしの一老人になっていたとしても、それらの人々は、在りし日の諸君の愛情を忘れずに、郷里へでも帰ったら、忙しい日程の中からも時には諸

君を尋ねて、小学校時代のなつかしい思い出話にひと時を過ごすというようなことも、ないとはいえないでしょう。そして教育者の喜びの最大の結実は、こうした処にあるともいえましょう。」(7)

これらの記述から、いくつかの教師の仕事の魅力ややりがいが見えてくる。まず、教師の仕事は真剣に取り組めば取り組むほど難しくかつ奥深いものであり、だからこそ魅力的だということである。次に、愛情をもって子どもの成長に関わり、その成長に貢献することができ、その成長を教師も実感することができるということである。

また、国語教育の先達である大村はまは、その著書の中で次のように述べている。

「生徒があって教えることができて、それが私の生きがいでございました。じゅうぶんむくいられたと思います。子どもから何もお礼を言ってもらえなくても、私はその生徒を教えることによって、自分の生活というものがあったのです。私という人間のこの世にいたしるしにもなり、この世に生きた意味があったのです。」(8)

大村は、教師の仕事は子どもに感謝されることを期待して行うものではないと述べている。ただひたすら子どもを教え成長させることだけが教師としての生きがいだととらえたのである。

さらにつけ加えるならば、教師の仕事の魅力は、子どもを成長させることだけにとどまらず、二人の教育者がそうであったように教師自身も成長できるところにもあるのではないだろうか。

3 教師の条件

教師になるためにはどのような条件が必要なのだろうか。

高久（1990）は、教師の要件として「活力にあふれた精神の持ち主こそが教

師にふさわしい」と述べている。そしてその理由を、活力こそがすべての源になり、子どもたちを「活力あふれた精神の持ち主」に育てるためには、教師自身がそうでなければならないからであると指摘している⁽⁹⁾。

下村（1988）は、その著書「先生の条件」の中で「愛情も情熱も正義感も、そして人柄も大切なものには違いないが、それらはいわば人間として備えるべき基礎的要件であって、直接、職業の要件としてことごとく数えあげるべきものではない。」と指摘する一方で、「人のよさだけでは困るが、教師の人間性は教育を成り立たせる奥深い要因として見落とせない。」とも述べている。さらに、「生徒が成長するのと同じように、教師も成長しなければならないのである。」とも論じている⁽¹⁰⁾。ここからは、人間性と専門性という教師に求められる条件が見えてくる。

また牛尾（2003）は、教師に必要な条件として次の3つを挙げている⁽¹¹⁾。
・教育の対象となる子どもが好き
・人の成長に関わることに意味を感じられる
・ある程度辛抱強く、まじめに誠実に仕事を継続できるかという根気

これらのことから、教師としてこうありたいという条件を私なりに考えてみたい。

まず1つ目は、教師であるならば当然であるが、子どもに愛情を注ぎ、子どものために力を尽くせる教師でありたいということである。

2つ目は、子どもについてはもちろん、人が好きで、人と進んで関わろうとする心を持つことである。教師は、子どもだけでなく保護者や地域住民、その他学校に関係する様々な人と関わる機会が多い。同僚の教師同士でも、協働して仕事に取り組むことが今後ますます求められる。自ら進んで人と関わっていく姿勢は、教師の仕事に欠かせないものである。

3つ目は、常に自分を成長させるために、学び続ける向上心を持つことである。学習指導でも生徒指導でも、時代とともに課題や解決方法は変化していく。現状に留まることなく、よりよい教育実践の方法や在り方を求めて研修を重ね、専門性を高めていくことが重要である。

おわりに

　職業としての教職の特徴や魅力、やりがいなどについて述べてきた。教師の仕事（教職）は、たくさんの知的な思考と判断を必要とされる仕事である。しかし知的な側面だけではなく、愛情、願い、喜び、不安、悲しみ、不満などの感情的な側面も大きく関わる仕事である。労働環境としては決してよいとは言えない中で、満足感ややりがいを感じながら生涯にわたって仕事を続けていくためには、自分の感情とどのように向き合いながら教育実践に取り組んでいくかが大事になってくるのであろう。

　教師になることを目指す上で、教職課程を修了し教員免許状を取得し採用選考試験に合格することは、単に教師としてのスタートラインに立つことにすぎない。学校という場で日々真剣に子どもたちとの物語を紡いでいく中で、少しずつ「教師となっていく」のである。

〈註〉
(1) 吉岡真佐樹、「職務の「無境界性」「無限定性」─日本の教師が抱える特有の問題」、岩田康之、他編『教職論』、p.85、2012、学文社
(2) 秋田喜代美、「教師の日常生活へ」、秋田喜代美、他編、『改訂版　新しい時代の教職入門』、p.12、2015、有斐閣
(3) 新井保幸、「職業としての教師」、新井保幸、他編、『教職論』、pp.5-6、2010、培風館
(4) 国立教育政策研究所、「OECD国際教員指導環境調査（TALIS2013）のポイント」、2014
(5) 杉森知也、「教師という仕事とそのやりがいの追求」、羽田積男、他編『現代教職論』、p.162、2016、弘文堂
(6) 森信三、『理想の小学教師像』、pp.13-15、2015、致知出版社
(7) 前掲（6）、p.29
(8) 大村はま、『教えるということ』、p.132、1973、共文社
(9) 高久清吉、『教育実践学　教師の力量形成の道』、pp.70-75、1990、教育出版

(10)　下村哲夫、『先生の条件』、pp.45-53、1988、学陽書房

(11)　牛尾直行、「教職の本質」、樋口直宏、他編『実践に活かす教育基礎論・教職論』、
　　　p.142、2003、学事出版

〈参考文献〉

浦野東洋一、他、『現代教師論』、2001、八千代出版

田原恭蔵、他、『教育概論　5訂版』、2013、法律文化社

第3章
教職観の変遷

はじめに

　教職観とは、教師の仕事に対する見方や考え方である。教職観や求められる教師像は、時代とともにその時々の社会情勢や政策などによって変化してきた。中でも、2つの典型的な教師像はその中核的な考え方であり、その2つをめぐる議論が繰り返されてきた。その1つは、教師という職業は「聖職」であり、高い倫理性と児童生徒に対する深い教育的愛情をもつことが必要であるとする考え方で、「教師聖職者論」と呼ばれている。今日においてもその影響は教師の思考や姿に色濃く残っている。もう1つは、教師も「労働者」であるとする考え方で、「教師労働者論」と呼ばれている。戦後久しくこの2つの考えは議論されたが、1960年代に入るとこうした二極対立論争を越えた、より広範囲な立場から教師の役割を問い直す教職論が展開されていった。それが「教師専門職論」とも呼ばれる教職観である。

　この章では、時代によって求められた教師像を基にして、ある意味その時代を反映したと言える教職観が、現代までどのように変遷してきたのかを明らかにしていきたい。

1　教師聖職者論

　教師は聖職であるとする教師聖職者論には、さらに2つの考え方がある。1つは、寺子屋の中にみられた教師聖職者論で、もう1つは、国家主義の中で生

まれた政策的要素をもった教師聖職者論である。以下、その２つの考え方について述べていく。

（1）寺子屋にみられた教師聖職者論

寺子屋は江戸時代の中期以降に全国的に普及した庶民教育である。最も多い頃には、全国で３〜４万校も開かれていたと推測されている[1]。寺子屋では庶民階層の子どもに対して、日常生活に必要な読み、書き、そろばんが教えられていた。ここでは教師は「師匠」と呼ばれ、生徒は「寺子」と呼ばれ、師匠となった者には、庶民をはじめ武士、僧侶、神官、医師などさまざまの階層ないし職種の人々があった[2]。そもそも、なぜ寺ではない場所であっても寺子屋と呼ばれたのか。それは、寺子屋の起源が寺の中の教育であったからと言われている。もともとは寺で修行する子どもたちは僧侶になるのが常であったが、僧侶を志していない子どもたちも寺に入り、僧侶から読み書きなどを習うようになったのが始まりだといわれている。

寺子屋の師匠は、慈愛の心で子どもに接し子どもの人格形成に大きな影響を与えた。一方子どものほうも師匠を尊敬し、互いに親密な師弟関係が築かれていた。師匠への報酬は地方によって異なっていたようであるが、必ずしも金銭による報酬を求めずに、善意に基づいた奉仕によって成り立っていた寺子屋も多く見られた。また、彼らは、社会における有識者で単に広い見識をもつ者であっただけでなく、人格的にも尊敬されるべきものを備えていた。そのため世人が自分の子弟の教育やしつけを信頼して任せられる存在であった。中村（2010）は、このような教師の姿を「まさに自然発生的に生じた聖職的教師像」[3]と述べている。

現在でも、金銭的な報酬を度外視して勤務時間を過ぎても学校に残って翌日の授業の準備をしたり、生徒のノートを家に持ち帰って点検をしたり、休日や夜遅い時間でも保護者からかかってきた電話に対応したり、地域の行事にも顔を出したりする教師はたくさん存在する。ただひたすらに子どものためを思った、善意に支えられた行為と言えよう。寺子屋時代にみられる教師＝聖職者という考え方は、今も引き継がれ息づいているのである。

しかし、この寺子屋を源流とする教師聖職者論は、明治時代以降の近代的教育制度の中で否定的な負の意味で語られることになった。

（2）国家主義による教師聖職者論

1872（明治5）年に「学制」が公布され、近代的な教育制度を発足させた。そこでは、全国を8つの大学区に分け、それぞれに1つの大学を設置し、各大学区を32の中学区に分け、それぞれに1つの中学校を設置し、各中学校区を210の小学校区に分け、それぞれに1つの小学校を設置することが示された。それによって、設置されるべき大学校は8校、中学校は256校、小学校は53,760校という膨大な数になった。それに伴い多くの教師を養成することが必要となり、師範学校の設立に至ったわけである。

1885（明治18）年に初代文部大臣に森有礼が就任し、1886（明治19）年に師範学校令が公布され、近代的な教員養成制度を創設させた。当初模範とされたのが、寺子屋の師匠のような教師像であったといわれている。その第1条には「師範学校ハ教員トナルヘキモノヲ養成スル所トス　但生徒ヲシテ順良信愛威重ノ気質ヲ備ヘシムルコトニ注目スヘキモノトス」と記されており、この時代に教師がもつべき気質として「順良、信愛、威重」が強く求められた。そこで、そういった資質を備えるべく、師範学校では兵式体操や全寮制などの軍隊式訓練を取り入れ、徹底した教師の養成に取り組んでいった。また、森は演説の中で次のように述べている。

　「師範学校ノ卒業生ハ僧侶ト云テ可ナルモノナリ、即チ師範学校卒業生ハ教育事業ヲ本尊トシ、教育ニ楽ミ教育ニ苦シ一身ヲ挙テ教育ト終始シ而シテ己ノ言行ヲ以テ生徒ノ儀範トナルヘキモノナレハ、師範学校生徒ハ将来隆盛ナル国家ヲ組立ル土臺下ニ埋立ル小石ニ供セラルルモノナリ」[4]（下線は引用者）

この演説に表れているように、この時代の教師は「教育の僧侶」と呼ばれ、生徒の模範となるべく品行方正に振る舞い、国家繁栄のために献身的に全身全

霊で国民の教育に尽くすことを求められた。

　また、1881（明治14）年には「小学校教員心得」が公布され、その前文には、小学校教員の心得が「小学校教員ノ良否ハ普通教育ノ弛張ニ関シ、普通教育ノ弛張ハ国家ノ降盛ニ係ル、其任タル重且大ナリト謂フベシ」「尊王愛国ノ志気ヲ振起シ」「国家ノ安寧福祉ヲ増進スルヲ得ンヤ」などと記された(5)。

　小学校教員の果たす役割が、教育の成否ひいては国家隆盛にも影響が及ぶほど重要であることが示された。そして、「尊皇愛国」の意識を国民の間に奮い起こさせる皇道主義と、国家の「安寧福祉」を図ることが小学校教員に求められた。かくして師範学校出身の教師には、国家権力に忠実に下級官吏として仕え、天皇制維持のために奉仕するという、もう一つの聖職者としての意味が付与されていったのである。

　その後、さらに教育は、国全体が戦時体制へ国民を収斂させていくための役割を担わされていく。その中で教師は、国家にとって都合のよい徳目を生徒に教えることを強制された。経済的、政治的、精神的に自由を奪われ、まさに聖職者として国家に従順な国民の育成に従事させられたのである。

2　教師労働者論

（1）戦後の教員養成制度改革

　こうした教師像からの脱却が図られたのが、戦後の民主的教員養成制度であった。それを決定づけたのが1946（昭和21）年の「第1次米国教育使節団報告書」である。同報告書では、教員の専門職的養成教育の強化が叫ばれ、師範学校から大学による教員養成への転換とその内容の高度化、さらには開放性に基づく教員養成の原則なども示された(6)。これを受けて1949（昭和24）年に制定された「教育職員免許法」では、民主的で自律的な教師像が求められ、一般教養、教科専門教養、教職的教養の「三重の教養」を学ぶ教員養成制度が始められた。そのため、教職関係の法律においては、全ての教員に資格取得を徹底させる免許状主義や継続的な研修を求める現職教育重視の姿勢（免許法）、天皇に仕える官吏ではなく国民全体に奉仕する「全体の奉仕者」の位置付け

（教育基本法）、教育という特殊な活動に従事するための身分保障等（教育公務員特例法）が規定されることになった。こうした諸々の法律によって、戦前の聖職者としての教師像は、民主的な教師像の構築へと大きく転換していった。

　しかし、教員養成の質をどのように確保していくかに関しては、当初からさまざまな議論があったといわれている。特に「教職の専門性」については、学識と一般教養を重視するのか、教員に必要とされる教授・指導技術を重視した養成とするのかをめぐって多様な論争が繰り返され、その決着は先送りされているのである。

（2）日教組の教師労働者論

　戦後の教師像をめぐる問題は、上述したような「教職の専門性」をめぐる議論とは異なる領域でも行われた。それが「労働者」としての教師像の問題である。ここで生まれた考え方が教師労働者論である。日本国憲法第28条の労働基本権の理念に基づいて制定された労働三法によって、国民には労働者としてさまざまな権利が認められた。それは教師に対しても例外ではない。1947（昭和22）年の日本教職員組合（以下「日教組」という）の結成は、労働者としての教師たちの具体的な行動の表れであった。日教組はその後、1952（昭和27）年には10綱領からなる「教師の倫理綱領」を発表した。その8番目の綱領では「教師は労働者である」と宣言され、労働者としての教師の役割が以下のように説明されている。

　　「教師は学校を職場として働く労働者である。教師は、労働が社会におけるいっさいの基礎であることを知るが故に、自己が労働者であることを誇りとする。歴史の現段階において、基本的人権をことばのうえでなく、事実の上で尊重し、資源と技術と科学とをあげて万人の幸福のために使用する新しい人類社会の実現は、労働階級を中心とする勤労大衆の力によってのみ可能である。教師は労働者としての自己の立場を自覚して、強く人類の歴史的進歩の理想に生き、いっさいの停滞と反動を敵とする。」[7]

労働者の力によって社会が支えられていること、そして教師は、そういった労働者として社会発展のために尽くすという決意を高らかに宣言している。この説明からは、聖職者の顔をしながら国家主義の実現を図ろうとした教師ではなく、民主国家建設に邁進し、憲法が謳う「国民の教育権」を守る当事者としての自覚に満ちた教師の姿が見出せよう。

しかしながら、こうした不安な社会に抵抗する教師や教育運動の進め方に対しては、子ども不在の教職論であるとの批判も出されていく。確かに教師＝労働者の主張は当然認められる権利であり、労働者としての自己主張の場が保障されることは、民主社会の原則である。ただし、そうした立場を堅持しながらも、聖職者としての教師像が有していた教育的使命感や責任感、教育的愛情等の在り方を再検討することも重要ではないかとの主張もなされ、その後久しく議論が続けられた。そして1960年代に入ると、こうした二極対立論争を越えたより広範囲な立場から、教師の役割を問い直す教職論が展開されていく。

3　教師専門職論

（1）新たな教職観の誕生

1966（昭和41）年、ILO（国際労働機関）とユネスコ（国際連合教育科学文化機関）は、国際的視点から見た教員の地位向上や身分の保全、福祉、教育政策の在り方について、勧告書を提出した。それが「教員の地位に関する勧告」である。その内容は極めて広範囲に及ぶものであったが、第6項に教職に関する次のような記述があった。

　　「教育の仕事は専門職とみなされるべきである。この職業は難しい、継続的な研究を経て獲得され、維持される専門的知識および特別な技術を教員に要求する公共的業務の一種である。また、責任を持たされた生徒の教育と福祉に対して、個人的および共同の責任感を要求するものである。」(8)

この勧告では、教職は、教師が専門的知識や教育方法に関する研究を継続的

に行い、そこで得られた知識や技術によって子どもの教育や福祉に責任を負う公共性の高い専門職であることを規定していることがわかる。また、専門的な知識や教育にかかわる技術はもちろんのこと、教職に対する使命感や責任感も大切であることが強調されている。この勧告の影響力は極めて大きく、我が国の教育界にもいち早く紹介され、教職＝専門職とみなす考え方の教師専門職論が、教職論の主流となっていった。

早速、1971（昭和46）年に中央教育審議会から提出された答申「今後における学校教育の総合的な拡充整備のための基本的施策について」[9]の「教員の養成確保とその地位の向上のための施策」の項で、教職を専門職とみなす考えが次のように述べられている。

　　「教職は、本来きわめて高い専門性を必要とするものであり、教育者としての基本的な資質のうえに、教育の理念および人間の成長と発達についての深い理解、教科の内容に関する専門的な学識、さらにそれらを教育効果として結実させる実践的な指導能力など、高度の資質と総合的な能力が要求される。」

さらに、「教員の資質の向上と処遇の改善」の項には、なぜ教職が専門職といえるのか、専門職でなければならないのかという理由について、次のように記された。

　　「教職は本来「専門職」でなければならないといわれる理由は、それがいわゆるプロフェッションの一つであって、次のような点において一般的な職業と異なった特質をもつことにあるといえる。すなわち、その活動が人間の心身の発達という基本的な価値にかかわるものであり、高度の学問的な修練を必要とし、しかも、その実践的な活動の場面では、個性の発達に即する的確な判断にもとづく指導力が要求される仕事だからである。」

その後も、教職を専門職であるとする考え方に基づいて、教師の専門性を高

めるため、その資質能力向上を図る教員養成や教員研修の方策が進められていくのである。

研究者の間でも教師専門職論は主流となり、羽田（2016）は、教職が専門職であることについて「教員が専門職といっても、医師、聖職者、法曹などの伝統的な専門職とは、教育制度もかけ離れまた自律性などでも大きく異なっている。しかし、現在では専門職と呼べる職業は、たとえば心理カウンセラー、エンジニア、建築家など少なくない。その意味において教員は現状社会においては、まさに専門家とみなされてしかるべきなのである。」[10] と述べている。また、佐藤（2009）は、「子ども一人ひとりの幸福の実現と平和で民主的で平等な社会の建設という公共的使命において、教師の仕事は医師や弁護士や大学教授の果たしている役割と責任を比べて、決して劣るものではない。その意味では、教師の仕事は言葉本来の意味で最もプロフェッショナルな職業と言ってもよいだろう。」[11] と述べ、さらに専門家としての成長の必要性を説いている。

（2）実践的指導力を中核にした教師専門職論

1970年代後半から1980年代にかけて学校では、非行、校内暴力、いじめ、登校拒否等の生徒指導上の問題、偏差値教育やそれに伴う落ちこぼれ等の学習上の問題など、さまざまな問題が噴出した。そのような状況の中、教員の資質能力向上を強く求める世論を受けて、1978（昭和53）年に中央教育審議会答申「教員の資質能力の向上について」[12] が出され、「教員自らがさらにその重責を深く自覚して、不断の教育実践と自己啓発に努め、学校教育に対する国民の信頼にこたえる」よう強く求められた。ここでは、これまで以上に教師の使命感や責任感が強調されている点が注目される。

さらに、1987（昭和62）年12月の教育職員養成審議会答申「教員の資質能力の向上方策等について」[13] では、次のような教師の専門性が明確に指摘された。

　「学校教育の直接の担い手である教員の活動は、人間の心身の発達にかかわるものであり、幼児・児童・生徒の人格形成に大きな影響を及ぼすも

のである。このような専門職としての教員の職責にかんがみ、教員について
は、教育者としての使命感、人間の成長・発達についての深い理解、幼
児・児童・生徒に対する教育的愛情、教科等に関する専門的知識、広く豊
かな教養、そしてこれらを基盤とした実践的指導力が必要である。」

　このように、教師にとって重要な使命感とともに、教師に求められる専門性
の中核に「実践的指導力」をおいた教師専門職論が展開されていった。
　それはさらに、1997（平成9）年の教育職員養成審議会答申「新たな時代に
向けた教員養成の改善方策について」(14)に受け継がれていった。答申の中で
は、教師に求められる資質能力が「(1) いつの時代も教員に求められる資質能
力」、「(2) 今後特に教員に求められる具体的資質能力」と示されている。(1)
については、1987年の答申に掲げられた先述の資質能力をもとにして「昭和
62年答申に掲げられた資質能力は教員である以上いつの時代にあっても一般
的に求められるものであると考える」と記された。(2) については、「これか
らの教員には、変化の激しい時代にあって、子どもたちに［生きる力］を育む
教育を授けることが期待される」という観点から、具体的に次のような3つの
資質能力に整理された。
　①地球的視野に立って行動するための資質能力
　②変化の時代を生きる社会人に求められる資質能力
　③教員の職務から必然的に求められる資質能力
　こうした資質能力が必要であると提言されたのは、教師には、まず、地球や
そこで生きる人間の在り方を自ら考えていこうとする意欲が必要であること。
さらに、社会的に高い人格と見識が求められることから、時代の変化に適切に
対応できる社会人でなければならないということ。当然、教職に直接関わる多
様な資質能力が必要であること。そして、こうした自己の資質能力の向上に向
けて不断に研鑽に励むべきであるとみなされたからである。
　また、この答申で示された「(3) 得意分野を持つ個性豊かな教員の必要性」
という教師像は、今までには見られないものであった。その中で、「多様な資
質能力を持つ個性豊かな人材によって構成される教員集団が連携・協働するこ

とにより、学校という組織全体として充実した教育活動を展開すべき」と記された。さらに、「画一的な教師像を求めることは避け、生涯にわたり資質能力の向上を図るという前提に立って、全教員に共通に求められる基礎的・基本的な資質能力を確保するとともに、さらに積極的に各人の得意分野づくりや個性の伸長を図ることが大切」と述べられている。まさに、子どもたちに知識を一方的に詰め込むのではなく、自ら学び自ら考える教育によって［生きる力］を育む教育と相通じるものがある。教師自身も自ら資質能力を高め、得意なことを伸ばし、個性を持った人間味あふれる教師を目指していくことが求められるようになったのである。

（3）学び続ける教師像

そうした中、2006（平成18）年に出された中央教育審議会答申「今後の教員養成・免許制度の在り方について」(15) では、「変化の激しい時代だからこそ、教員に求められる資質能力を確実に身に付けることの重要性が高まっている。また、教員には、不断に最新の専門的知識や指導技術を身に付けていくことが重要となっており、「学びの精神」がこれまで以上に強く求められている。」と示された。子どもを取り巻く環境が激しく変化していく中で、教師が身に付けるべき専門性は、どこまで身に付ければよいとか一度身に付ければ事足りるというものではなく、日々磨き向上させていかなければならないものである。したがって、教師自身が自律的に専門性を向上させるために、「学びの精神」をもつことの重要性が指摘されたのである。

その学びの精神は、2012（平成24）年の中央教育審議会答申「教職生活の全体を通じた教員の資質能力の総合的な向上方策について」(16) の中で、次のように受け継がれていった。

　　「これからの社会で求められる人材像を踏まえた教育の展開、学校現場の諸課題への対応を図るためには、社会からの尊敬・信頼を受ける教員、思考力・判断力・表現力等を育成する実践的指導力を有する教員、困難な課題に同僚と協働し、地域と連携して対応する教員が必要である。

　また、教職生活全体を通じて、実践的指導力等を高めるとともに、社会の急速な進展の中で、知識・技能の絶えざる刷新が必要であることから、教員が探究力を持ち、学び続ける存在であることが不可欠である（「学び続ける教員像」の確立）

　また、この答申の中に、専門職として求められる資質能力が次のように示された。
　①教職に対する責任感、探究力、教職生活全体を通じて自主的に学び続ける力
　②専門職としての高度な知識・技能
　③総合的な人間力
　さらに、2015（平成27）年の中央教育審議会答申「これからの学校教育を担う教員の資質能力の向上について～学び合い、高め合う教員育成コミュニティの構築に向けて～」(17)では、「今後、改めて教員が高度専門職業人として認識されるために、学び続ける教員像の確立が強く求められる。」と述べられた。
　教育に関する高度な専門性をもった教師として、より多くのことが求められる時代となった。だからこそ、学び続けることが大切であり、「チーム学校」を実現し組織的・協働的に取り組んでいくことが必要であると叫ばれている。また、同答申の中で、「「教員は学校で育つもの」であり、同僚の教員とともに支え合いながらOJT（On the Job Training）を通じて日常的に学び合う校内研修の充実や、自ら課題を持って自律的、主体的に行う研修」が大切であると指摘されている。専門職者としての教師は、生涯をかけて研鑽を重ねながら成長し続けていく存在なのであろう。

おわりに

　教師の仕事に求められることや求められる理想的な教師像は、その時代に国家が目指していたことや大切にされていた価値観が大きく影響を与えてきた。

寺子屋で生まれた聖職者的教師像にみられる子どもに対する教育的愛情や献身的な責任感、使命感は、時を超えて現代においても教師に求められる資質能力の基盤となっている。しかし、その後、天皇制国家に従順な国民を育てるという使命のもと、教師は自由を失い国家に翻弄されていくことになる。

　戦後の民主化に伴い教師の使命や役割も大きく変わり、専門職としての資質能力を求められるようになった。それと同時に、自主性、自律性も求められるようになった。しかし、果たして現在教師は本当に自主的、自律的になれただろうか。なれたとは言い難い実態がそこにはあるように思える。例えば、総合的な学習などの新しい内容が導入されたとき、多くの学校では戸惑いと混乱が生じた。それまでの時代の中で身に付けてきてしまった、指示されたことに誠実に従うという教師の体質と文化が、その大きな要因であろう。従順なだけで、何の迷いも課題意識も持たずに子どもたちの前に立つとしたら、それは子どもたちにとっても教師自身にとっても不幸なことである。何が真理であるかを子どもたちとともに学び続けようとする教師こそが、これからの時代に求められるのではないだろうか。

〈註〉

(1) 石川松太郎、「寺子屋」、安彦忠彦、『新版現代学校教育大事典』、p.145、2002、ぎょうせい

(2) 前掲 (1)、p.145

(3) 中村弘行、「教師像の変遷」、新井保幸、他編『教職論』、p.19、2010、培風館

(4) 大久保利謙監修、『森有礼全集第1巻』、p.608、1972、宣文堂書店

(5) 寺崎昌男、他、『日本の教師22 歴史の中の教師Ⅰ』、p.43、1993、ぎょうせい

(6) 報告書についてはいくつかの翻訳があるが、ここでは、村井実『アメリカ教育使節団報告書』1979、講談社のものを参考にした。

(7) 寺崎昌男、他、『日本の教師23 歴史の中の教師Ⅱ』、pp.153-154、1994、ぎょうせい

(8) ILO/UNESCO、「教員の地位に関する勧告」、市川須美子編、『教育小六法』、p.1265、2017、学陽書房

(9) 中央教育審議会、「今後における学校教育の総合的な拡充整備のための基本的施策に

ついて（答申）」、1971

(10)　羽田積男、他、『現代教職論』、p.28、2016、弘文堂

(11)　佐藤学、『教師花伝書―専門家として成長するために―』、p.68、2009、小学館

(12)　中央教育審議会、「教員の資質能力の向上について（答申）」、1978

(13)　教育職員養成審議会、「教員の資質能力の向上方策等について（答申）」、1987

(14)　教育職員養成審議会、「新たな時代に向けた教員養成の改善方策について（第1次答申）」、1997

(15)　中央教育審議会、「今後の教員養成・免許制度の在り方について（答申）」、2006

(16)　中央教育審議会、「教職生活の全体を通じた教員の資質能力の総合的な向上方策について（答申）」、2012

(17)　中央教育審議会、「これからの学校教育を担う教員の資質能力の向上について～学び合い、高め合う教員育成コミュニティの構築に向けて～（答申）」、2015

〈参考文献〉

秋田喜代美、他、『改訂版　新しい時代の教職入門』、2015、有斐閣

岩田康之、他、『教職論』、2012、学文社

小島弘道、他、『改訂版　教師の条件』、2016、学文社

第4章

教員に求められる役割

はじめに

　教員の使命。教員としてのプライド。これらは、教員が自らの職務を遂行する際、よく頭に浮かべる言葉であろう。子どもたちにわかる授業をしたい。子どもたちが笑顔で学校生活を送れるようにしたい。健康で心豊かな人生を送れるようにしていきたい。多くの教員は、こうした思いを抱きながら、日々、子どもたちの前に立っている。一方、学校教育に対する社会の要請、保護者や地域からの要望や期待には大きなものがある。また、変化の激しい社会において、子どもたちを取り巻く環境も複雑になっており、生活面での課題も多様化しているのが現状である。ここでは、こうした現状の中、教員の使命を果たすために、教員はどのような仕事をしているのか、それらの仕事にはどのような意味があるのか、学校という組織の中で、教員の仕事がどのように進められているのかなど、職務遂行の実際を確認しながら、教員に求められる役割の理解につなげていきたい。

1　教育関係法令と教員の役割

　まずは、教育、教員について、法令上どのようになっているかを、押さえておきたい。

　教育の目的、目標については、教育基本法に次のように示されている。

　○教育基本法第1条

教育は、人格の完成を目指し、平和で民主的な国家及び社会の形成者として必要な資質を備えた心身ともに健康な国民の育成を期して行われなければならない。

〇教育基本法第5条第2項

義務教育として行われる普通教育は、各個人の有する能力を伸ばしつつ社会において自立的に生きる基礎を培い、また、国家及び社会の形成者として必要とされる基本的な資質を養うことを目的として行われるものとする。

〇教育基本法第9条

法律に定める学校の教員は、自己の崇高な使命を深く自覚し、絶えず研究と修養に励み、その職責の遂行に努めなければならない。

※自ら資質向上を図ることも教員に求められる役割といえる。

学校教育法では次のような目標が掲げられている。

〇学校教育法第21条

義務教育として行われる普通教育は、教育基本法（平成18年法律第120号）第5条第2項に規定する目的を実現するため、次に掲げる目標を達成するよう行われるものとする。

一　学校内外における社会的活動を促進し、自主、自律及び協同の精神、規範意識、公正な判断力並びに公共の精神に基づき主体的に社会の形成に参画し、その発展に寄与する態度を養うこと。

二　学校内外における自然体験活動を促進し、生命及び自然を尊重する精神並びに環境の保全に寄与する態度を養うこと。

三　我が国と郷土の現状と歴史について、正しい理解に導き、伝統と文化を尊重し、それらをはぐくんできた我が国と郷土を愛する態度を養うとともに、進んで外国の文化の理解を通じて、他国を尊重し、国際社会の平和と発展に寄与する態度を養うこと。

四　家族と家庭の役割、生活に必要な衣、食、住、情報、産業その他の事項について基礎的な理解と技能を養うこと。

五　読書に親しませ、生活に必要な国語を正しく理解し、使用する基礎的な能力を養うこと。

六　生活に必要な数量的な関係を正しく理解し、処理する基礎的な能力を養うこと。

七　生活にかかわる自然現象について、観察及び実験を通じて、科学的に理解し、処理する基礎的な能力を養うこと。

八　健康、安全で幸福な生活のために必要な習慣を養うとともに、運動を通じて体力を養い、心身の調和的発達を図ること。

九　生活を明るく豊かにする音楽、美術、文芸その他の芸術について基礎的な理解と技能を養うこと。

十　職業についての基礎的な知識と技能、勤労を重んずる態度及び個性に応じて将来の進路を選択する能力を養うこと。

2　勤務の実際

　教員の役割を理解するために、ここでは、学校現場において教員がどのような仕事をしているのか、学級担任を中心に見ていくこととする。

（1）学級担任の1日の仕事
①始業前
授業の準備をして教室に行く。

教室環境を整える。

教室で児童を迎え挨拶をする。

児童の表情、声の大きさなどから、児童の様子を観察する。

通学時の安全確保が必要な場合は、学校の指示や計画に従い、他の教員と連携して対応する。

②朝の会
元気に朝の挨拶をする。

一人一人の名前を呼び健康観察をする。

出欠を確認し、連絡の有無により必要な場合は家庭と連絡を取る。

1日の予定を確認する。

読書活動など、学年や学校で定められた活動を行う。

③授業

開始時刻を守り、授業開始の挨拶をする。

指導計画に沿って授業を行う。

家庭学習の様子、前時までの内容の定着状況を確認する。

授業中の教室環境、健康管理等に配慮しながら、授業を進める。

④休み時間

教室移動が必要な際は、次時の準備の確認をし、授業教室に移動する。

中休みなど、遊ぶ時間が確保できるときは、児童の体調等に応じた活動ができるよう指導する。

活動中の児童の安全に注意しながら、児童とともに遊ぶ。

休み時間後の授業に必要な準備を行う。

他の学級や学年等で確認が必要な場合は、短時間で効率的に行う。

⑤給食

手洗いの徹底など、保健安全面での指導を行う。

献立を確認し、アレルギー対応の必要な児童への指導を確実に行う。

栄養教諭や栄養職員とともに、計画に沿って、食に関する指導を行う。

食事の準備や片付け、配膳時の当番活動の様子を観察し、必要な指導を行う。

⑥清掃

清掃箇所への安全な移動と、清掃箇所に応じた活動ができているか観察する。

児童への指導とともに、分担区域の安全管理を行う。

安全管理上の問題がある場合には、速やかに報告し、適切な処置を行う。

⑦帰りの会

１日の振り返りを行い、学習や生活の様子、学級生活の様子を考える。

明日の予定を確認し、家庭への通知や連絡内容が確実に伝わるよう、必要な指導を行う。

学級の係活動の様子を観察し、児童の自治的な活動について評価し、必要な

指導を行う。

　不審者情報なども含めて、下校時の安全について情報を確認し、必要な指導を行う。

　児童一人一人の観察を行い、身体的な状態や心理状況で気になる場合には、学校生活上の問題等について本人等に確認する。

⑧下校

学校の安全計画に従い、下校時の指導を行う。

　児童の様子に応じて、管理職等に状況報告を行ったり、必要な家庭には連絡や家庭訪問等を行う。

　室内の整理整頓、戸締り、火気の始末の確認等、担当箇所の点検を行う。

　提出物に目を通し、児童への励ましの言葉などを添えるとともに、次の日に確実に返却できるよう整理する。

　次の日の授業の準備や資料の印刷等を行う。

　必要に応じて学年の打ち合わせや、職員集会等に参加する。

　学級事務他、調査や提出物の処理をする。

（2）学習指導

　学級担任の1日の仕事のほとんどが授業に充てられるのは言うまでもないことだが、その時間の中で、子どもたちに基礎的・基本的な知識・技能、思考力・判断力・表現力等、学習指導要領に示された力を確実に身に付けられるようにするためには、授業時間の他において、教材の研究や資料の準備、授業進度や単元構成の確認など、他の教師との打ち合わせなどを行わなければならない。学習指導要領 (1) に「主体的・対話的で深い学びの視点からの授業改善」とあるように、これから求められる授業の実現に向け、毎日の授業において、研究的な姿勢をもって臨み、絶えず指導方法の工夫改善を図っていくようにしなければならない。

　また、1つの授業を複数の教師で担当するティームティーチングも、児童一人一人に対するきめ細かな指導の実現のため、指導法の工夫の1つとして取り入れられている。授業を進めるうえで、その時間の目標を確認し、そのために

どのように授業を進めていくのか、担当する学級の実態とそれに応じた指導上の工夫、授業の中での基本的な役割分担をどうするかなど、打ち合わせるべき内容は少なくない。きめ細かな指導を充実させるため、児童一人一人の学習状況をそれぞれの教師が共有し、個別の達成状況を確認しながら、指導内容、方法について検討していく必要がある。

（3）生徒指導

①児童生徒の理解

　子どもたちの１日の多くは学級での生活となる。学級が、一人一人にとって、自分の存在が大切にされ、安心して生活できる、心の居場所となっていることが大切である。そのために教員は、一人一人に対して、生活や学習の様子をきめ細かく観察し、日常の友達同士の何気ないやり取りなどからも、児童の内面に目を向け、児童理解を深めていく必要がある。朝の挨拶の様子、授業中における発表の様子、給食の時間の会話の様子、休み時間に遊んでいる姿、清掃時における友達との作業の様子など、前述の学級担任としての１日の仕事を通してみても、児童理解の場はあらゆるところにある。大切なのは、いかに問題意識をもって、子どもたちに寄り添い、日々の生活を送ることができるかである。

　また、児童の言動や友人関係などにおける小さな変化に気づくためには、教員同士の情報交換が大切になってくる。他の学級担任からの情報や、養護教諭からの助言など、児童の理解と支援には、多くの教員の連携が不可欠である。生徒指導に関する現状の的確な把握と必要な支援について話し合う児童支援のための会議をもち対応について検討していく。

②チームでの対応

　学級生活上の問題が生じた場合、その解決については、学級担任のみに任されている訳ではない。前述のように、情報を他の教員、管理職と情報を共有し、必要な支援策を立て、学年主任や生徒指導主事、管理職、特別支援教育コーディネーターなどの校内の教職員の他、スクールカウンセラーやスクールソーシャルワーカーなどの専門性を生かして、問題の解決に当たっていかなけ

ればならない状況も考えられる⁽²⁾。

　いずれにしても、担任の小さな気づきが確実に報告されなければ、こうした
対応には結びつくものではない。担任からの報告をもとに、複数の教職員の目
で適切な状況把握を行い、どのような支援が有効であるかを検討するといった
校内の体制の重要性を理解しておきたい。

（4）学級経営

　児童生徒の学習活動や生活の基盤は学級である。学級の中で、一人一人が生
き生きと生活できるようにすることは、学習指導、生徒指導を充実させるため
にも大切なこととなる。

　そのため、学級担任は、どのような学級を目指すのかを明確にした学級の教
育目標を設定し、学級経営を進めていくことになる。その際、学級の教育目標
については、学校や学年の教育目標との関連を考え、児童生徒の実態、保護者
や地域の期待などを踏まえながら検討していく。

①望ましい集団づくり

　子どもたちが自分たちの学級をどのような学級にしたいかについて話し合う
と、「おもいやりのあるクラス」、「協力し合うクラス」などが、よく出される
ものである。学級の友達が自分を大切にしてくれたり、困っている友達がいる
時には周囲の者が力になってあげたりできる集団の中での生活は、だれもが望
むところである。学級担任として、子どもたちが話し合って掲げた学級目標の
実現のために、どのような場を用意し、体験を通してどのようなことを考えさ
せればよいか、子どもたちの思いに沿いながら、一人一人の自己実現のため
に、集団に対して適切な指導をしていくことが求められる。

②学級担任と児童生徒

　学級担任だからというだけの理由で、児童生徒が教師の考えや願いを理解
し、望ましい生活を送ろうと努力してくれるものではない。そこには、学級担
任が教師としての信頼を子どもたちから得ていることが不可欠である。集団の
中で自分のよさを発揮できない児童生徒のつぶやきにも真摯に耳を傾けるな
ど、一人一人を大切にする日々の姿勢が学級担任としての信頼につながるもの

である。学級の子どもたちは、担任の表情や言葉遣い、ふるまいなどに、強い関心をもっており、そのことを踏まえれば、以下のような点を大切にしたいものである。

・公正・公平な態度で児童生徒に関わる
・一人一人のよさに目を向け認めようとする
・一人一人の悩みや思いを受容的な態度で受け止める
・教師として自らの仕事に情熱をもって取り組む
・児童生徒とともに考える姿勢を大切にしている、など

3 学校組織と教員の役割

（1）学校組織に位置付けられた役割

学校では、校務を遂行する上で、組織をつくり、その中で必要な役割を教職員一人一人に充てている。一般的には、図4-1の組織図のように、教職員それぞれの担当する学年や教科等の専門性、経験などを考慮し、職務の分担を行っている。学級担任の他、教科部会、道徳教育や特別活動の部会、委員会活動やクラブ活動の担当などを分担し、学校運営に携わっていく。

組織図の中の主な分担内容は、次のようになっている。

①各教科

教員はいずれかの教科部に所属し、年間を通して、担当教科の指導に必要な資料の作成や教科指導に関する備品の管理などを行う。

・年間指導計画作成（指導目標、指導の重点、評価計画等を含む）
・教材資料の収集・整理
・備品の整備・管理

また、児童生徒の実態を分析し、授業改善や個別指導の充実を必要とする内容について、指導の充実を図るための研修計画を作成し、研究授業を実施するなどにより、よりよい指導法を校内の教員で共有できるようにする。

・教材研究、授業展開、単元構成の工夫
・授業相互参観、研究授業の実施

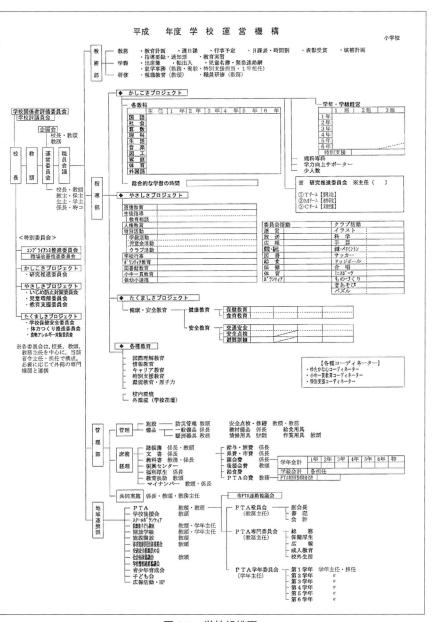

図4-1　学校組織図

・校内研修との連携

・研究資料のまとめ

②委員会活動・クラブ活動

　教員は、いずれかの委員会やクラブを担当し、異年齢集団による児童の指導に当たる。

　小学校学習指導要領 (3) では、特別活動の各活動に、「児童会活動」、「クラブ活動」が位置付けられており、これらの目標は次のとおりである。

　第6章　特別活動

　第1　目標

　　　集団や社会の形成者としての見方・考え方を働かせ、様々な集団活動に自主的、実践的に取り組み、互いのよさや可能性を発揮しながら集団や自己の生活上の課題を解決することを通して、次のとおり資質・能力を育成することを目指す。

(1) 多様な他者と協働する様々な集団活動の意義や活動を行う上で必要となることについて理解し、行動の仕方を身に付けるようにする。

(2) 集団や自己の生活、人間関係の課題を見いだし、解決するために話し合い、合意形成を図ったり、意思決定したりすることができるようにする。

(3) 自主的、実践的な集団活動を通して身に付けたことを生かして、集団や社会における生活及び人間関係をよりよく形成するとともに、自己の生き方についての考えを深め、自己実現を図ろうとする態度を養う。

　第2　各活動・学校行事の目標及び内容

（略）

〔児童会活動〕

　1　目標

　　　異年齢の児童同士で協力し、学校生活の充実と向上を図るための諸問題の解決に向けて、計画を立て役割を分担し、協力して運営することに自主的、実践的に取り組むことを通して、第1の目標に掲げる資質・能力を育成することを目指す。

（略）

〔クラブ活動〕

1　目標

　　異年齢の児童同士で協力し、共通の興味・関心を追求する集団活動の計画を立てて運営することに自主的、実践的に取り組むことを通して、個性の伸長を図りながら、第1の目標に掲げる資質・能力を育成することを目指す。

③各種教育

　現代的な諸課題に関する教育について、年間指導計画の作成や指導の重点などについてまとめ、全教職員が共有できるようにする。

　例えば、情報教育の担当は、児童生徒に対するスマートフォン等の情報機器の正しい使い方についての指導及び保護者への啓発、教科指導におけるICTの効果的な活用の仕方の他、校務におけるICTの活用の仕方など教職員に対しても必要な資料の作成や提供、校内研修の計画・実施を行っている。

④各種会議・研修

　児童生徒に関する問題、教職員の服務・規律に関する問題、教育環境の整備等、生徒指導や学校運営上の課題について協議するための委員会を設け、現状の把握をもとに改善の方針や対応策について明らかにし、問題解決に当たっている。

（2）学校安全への取組

　子どもの安全・安心の確保は、学校教育において重要な課題である。児童生徒への安全指導の重要性は言うまでもないが、危機管理の面から、子どもたちが生活する環境を注意深く観察し、安全な生活が送れるようにするための適切な措置を講じる必要がある。

【学校保健安全法】

第27条　学校においては、児童生徒等の安全の確保を図るため、当該学校の施設及び設備の安全点検、児童生徒等に対する通学を含めた学校生活その他

の日常生活における安全に関する指導、職員の研修その他学校における安全に関する事項について計画を策定し、これを実施しなければならない。

第28条　校長は、当該学校の施設又は設備について、児童生徒等の安全の確保を図る上で支障となる事項があると認めた場合には、遅滞なく、その改善を図るために必要な措置を講じ、又は当該措置を講ずることができないときは、当該学校の設置者に対し、その旨を申し出るものとする。

①教育環境の整備

第27条にある施設及び設備の安全点検には、全教職員の責任分担を明確にし、計画的に実施している。普通教室、特別教室、廊下、階段、トイレ、体育館、運動場、プールなど、屋内外の施設・設備について、定期的（月1回）に点検を実施している。第28条にあるように、点検を通して安全確保を図る上で支障となる事項が確認された場合には、速やかに修理等、改善を図らなければならない。また、当然のことながら、日常の点検についても、安全確保の観点から、注意する必要がある。児童生徒の発達段階を踏まえ、子どもの目線で教室環境を見直してみるなど、安全確保には教員の高い意識と工夫が求められている。

②安全な登下校のための環境づくり

児童生徒の登下校については、交通安全指導の他、不審者への対応についても、十分な指導が必要である。不審者に関する緊急的な情報が得られた場合には、学校の危機管理マニュアルに基づき、迅速で適切な行動がとれるよう、日頃から、教職員間での共通理解と連携の確認を重ねておかなければならない。

4　信頼される学校づくり

学校や教員が家庭や地域から信頼されなければ、学校教育の充実を図ることはむずかしい。教員は、信頼を得るために、家庭や地域にいかに関わり、相互に理解を深めるか、そのための機会の確保と手立てが必要である。

（1）家庭との連携

　子どもの生活の基盤は家庭にある。学級担任は、家庭の生活の様子、家族の状況など、学校生活を送る上で必要な情報について、保護者と共有し、適切な指導に生かしていくことになる。一方、学校での学習や生活の様子について、保護者に理解してもらうことも重要である。学校ホームページ、学校だより、学年だよりなどによる積極的な情報提供の他、保護者会や授業参観などを通して、学校や学級の指導方針を理解する機会を設けている。

（2）地域との連携

　例えば、毎日の登下校で、子どもたちの安全を確保するため、通学路において地域住民が見守り活動を行っている学校も多い。地域ボランティアなど、地域の住民の協力を得て、教育活動を充実させる取組も行われている。教員は、授業や学校行事、さらには地域行事への参加などを通して、地域住民と関わりながら、学校の教育活動について理解を深めてもらうとともに、地域の将来を担う人材を育てるという共通の願いのもと、地域の活性化にも貢献することが求められている。

おわりに

　教育基本法の第9条には、「法律に定める学校の教員は、自己の崇高な使命を深く自覚し、絶えず研究と修養に励み、その職責の遂行に努めなければならない。」とある。人が人を育てるという営みの中では、教師の一言が、その子の人格形成に大きな影響を与えるものになることを常に自覚しなければならない。教員に求められる職責の重さに応えるためには、何を教えるかという以前の問題として、教員である自分の人間としての生き方を見つめる謙虚な姿勢が求められるだろう。教員に求められる役割を果たしていくためには、まずは、子どもたちが尊敬できる一人の人間 [4] であることを追求していきたい。

〈註〉

(1) 文部科学省、「小学校学習指導要領」、第 1 章第 1 2 、2017年告示

(2)「チーム学校」は、中央教育審議会答申（2016年12月）において提唱され、今後の学校づくりの基本理念になっている。中央教育審議会、「幼稚園、小学校、中学校、高等学校及び特別支援学校の学習指導要領等の改善及び必要な方策等について」、文部科学省、2016。高木展郎、他、『「チーム学校」を創る』、2016、三省堂

(3) 文部科学省、前掲書、第 6 章第 2

(4) このような教師像について小池は、いとうけいぞうの詩「五月の花・四月の雨」によせて語っている。佐島群巳・小池俊夫、『新訂版　教職論』、pp.137-141、2016、学文社

第5章

教師に求められる
基礎的資質能力と教師の学び

はじめに

　変化の激しい社会の中で深刻な教育課題に直面している今日、教師に求められる力量も資質能力も従前とは異なってきている。本章では最初に、教師に求められる力量や資質能力についての視点を吟味するとともに、これからの教師に求められる力量や資質能力を確認する。次にそれらを踏まえて、そうした力量や資質能力を高める上で不可欠な教師の学びの場・機会を提供している授業研究とアクション・リサーチを取り上げることにする。

　教師の主な仕事は、一般に、学習指導、生徒指導（生活指導）、学級運営（学級経営）の３つとされる(1)。しかし、教師（教諭）と一口に言っても、学校教育法第37条によれば、主幹教諭、指導教諭、養護教諭等々も含み、また、学校運営の全体にわたる業務としての校務をも担うので、教師の実際の仕事内容は、上記の３つの仕事を超えてはるかに多岐にわたっている。ここでは、授業の実践者としての仕事を中心に教師の力量をまず考えてみよう。

1　教師に求められる基礎的資質能力

(1) 教師に求められる力量
　教師の力量について論じることは容易ではない。教師の力量は多岐にわた

り、多面的であり、しかもそこにはレベルの違いも生まれ、また力量の基底に
あり容易に客観化言語化できないものもあれば、表出し客観化操作化できる力
量もあるからである。ここでは単純化して、便宜上、次のように教師の力量を
分けて考えることにする。

　第一に、教師の力量の基底にあって教師の力量を支え規定する教育について
の理念や教師としての使命感・情熱等々である。これを教育理念的力量と呼ん
でおこう。第二に、自立した教師として教育実践を可能にする基礎的力量で、
学部の教員養成や教育実習、教員免許取得、あるいは初任者研修が主眼を置い
ている力量である。つまり基礎的実践力量と言いうるものである。無論、こう
した力量は、授業の実践力ばかりではなく、学級経営や校務分掌などスクー
ル・マネジメント力も含んでいる。第三に、熟達した教師がもつ力量で、経験
を積み研修等を経て達成される高度な実践力である。これを熟達的実践力量と
呼ぶことにする。

　教師に求められる力量は、第二と第三の実践的力量のみではない。教育実践
の現実を経験的のみならず理論的にも問い直し、確かな根拠に基づいてその現
実を対象化し改善しうる研究的力量も必要とされる。この研究的力量は２つに
大別した方が分かりやすい。１つは、まさしく教育現実を直接の対象にして研
究するもので教育学的研究力量と呼ぶことができる。もう１つは、授業で扱わ
れる内容等に関する専門的研究力量である。言い方の適切性はともかく、これ
をピュア・サイエンス的研究力量と言うことがある。前者を第四の力量、後者
を第五の力量と呼ぶことにする。

　第一の教育理念的力量のみでは実践力を欠き教育実践はできない。しかし、
これがなければ教育という決して楽ではない営みに長年主体的に取り組み続け
ることもできない。第二の基礎的実践力量があれば何とか実践はできるもの
の、多くの問題を抱えた今日の教育実践を実りあるものにするにはその力量で
は無理がある。第三の熟達的実践力量を身に付ければ、確かに現代の教育課題
に対処することが可能になり、教育効果を上げることもできよう。しかし、こ
の力量には即戦力は期待できるものの、教育実践の現実を経験的のみならず理
論的にも問い直し、確かな根拠に基づいてその現実を対象化し改善しうる継続

的な力への期待は難しい。第四の教育学的研究力量はこうした期待に応えるものではあるが、第三の熟達的実践力量が伴わなければ現代の教育課題に応え、教育効果を上げることは難しい。第五のピュア・サイエンス的研究力量だけ、言い換えれば、教育内容についての専門科学的な力量だけでは、豊かな教育実践は保障され得ない。ましてや問題山積の今日の教育実践の課題には全く応えられない[(2)]。

(2)「技術的熟達者」としての教師の力量と「反省的実践家」としての教師の力量

　教育が、生物学的存在としての人間ではなく実存的存在としての人間に関わり、成人ではなく成長・発達途上の人間に関わり、しかも客観的事実によってのみ規定された連関のみならずイデオロギーや利害が介在・伏在して価値に規定された社会的連関において営まれ、さらに、ともに個性的な存在である教師と生徒、生徒と生徒との相互作用の中で営まれ、そこに教材や教育内容としての文化や学問が関わるためか、教育は極めて複雑で複合的な事象である。そうした教育を営む教師の力量は、他の専門職（医師や弁護士など）と比べて、複雑で複合的であり、専門的な知識や科学的技術では統制できない「不確定性」[(3)]によって支配されている。

　佐藤は、有力な2つのモデル、すなわち、「技術的熟達者」モデルと「反省的実践家」モデルとの対比を通して教師の専門的力量を示し、両モデルからそれぞれ導かれる教師の専門的力量とその前提を次のように説明する[(4)]。

　「技術的熟達者」モデルは、教職を、他の専門職と同様、該当する専門領域の基礎科学と応用科学（科学的技術）の成熟に支えられて専門化した領域にある仕事とみなし、その専門的力量を教育学や心理学に基づく科学的な原理や技術の適用力で考える。この立場からいうと、教育実践は、教育学や心理学等の原理や技術を合理的に適用する「技術的実践」であり、教師はそれらの原理や技術に習熟した「技術的熟達者」（technical expert）となる。したがって教師の専門的成長は、教職関連領域の科学的な知識や技術をどれだけ習得しているか、つまり技術的熟達として捉えられる。また、このモデルに基づく専門家に

よる実践的認識は、複雑な状況や事柄を可能な限り単純に明示できる概念や原理に抽象化し、一般化することによって、「確実性」を拡大する方向を取る。さらに、その探究と表現において、研究者に共有されている一定の探究の枠組みに従う「パラダイム様式」（paradigmatic mode）を取り、客観性・厳密性・科学性を志向して、個別の状況を超えた普遍的で原理的法則的な理解を求める。

　一方、「反省的実践家」モデルは、教職を、複雑な文脈で複合的な問題解決を行う文化的・社会的実践の領域にある仕事とみなし、その専門的力量を、問題状況に主体的に関与して、省察と熟考により問題を表象し解決策を模索し判断する実践的見識の高さで考えるものである。この立場からいうと、教育実践は、政治的、倫理的な価値の実現と喪失を含む「文化的・社会的実践」であり、教師は、経験の反省を基礎として、生徒の価値ある経験の創出に向かう「反省的実践家」（reflective practitioner）である。したがって、教師の専門的成長は、複雑な状況における問題解決過程で形成される「実践的認識」がどれだけ発達・充実するか、で捉えられる。また、このモデルに基づく専門家による実践的認識は、「行為の中の省察」[5]（reflection-in-action）をとおして実践状況や事柄の内外にはらむ多義的な意味を解明しながら、教育実践の「不確実性」の世界へと向かう。さらに、その探究と表現において、「語りの様式」（narrative mode）を採用し、構造化された意味の関連性解明を志向し、状況に対して柔軟で繊細になることを求め、問題に対する個別的で具体的な理解を追求する。

（3）「定型的熟達」と「適応的熟達」

　教師の力量の向上・熟達についても、上記の２つのモデルにほぼ対応して、２つの熟達タイプが考えられている。１つは、問題解決の手続きが定型化していて、それを一度習得すれば、その後はそれをいかに確実・迅速に行うかが求められる仕事とそのような熟達者である。もう１つは、状況の変化に応じて、問題解決の手続きを柔軟に変えていくことが求められる仕事とそのような熟達者である。前者が「定型的熟達者」、後者が「適応的熟達者」と呼ばれている。

　教師の仕事は、起こった出来事に対してすぐに判断して次の行動を起こすこと、つまり即興性が求められる仕事である。教育の実践は、同じことの繰り返しのような印象を与えるかもしれないが、決してそうではなくルーティン・ワークでもない。教育の実践は日々・時々刻々と変化する非常に不安定で不確定な状況にある。また教室は、教師と児童生徒それぞれが目指す目標や有する価値観が輻湊し衝突するジレンマ状況にもある。教師は、この不安定不確定でジレンマをも抱えた状況を的確に判断し対応しなければならないし、そうすることによって生徒の学習を保障し、その中で自らの力量を高めていかなければならない。つまり教師には適応的塾達者であることが求められているのである。

　この適応的熟達化には少なくとも2つの過程がある。革新性あるいは創造性をもたらす過程、つまり新しい対応や解決策を生み出す過程と、定型化したこと、つまり確立された方法、いわば定石を充分に練習することにより効率性を高める過程である。適応的熟達者としての教師は、両側面それぞれの役割と両側面の二律背反性についても認識して、教育の実践環境をデザインすることが求められている(6)。

(4) 中央教育審議会答申に見る教師に求められる資質能力

　教師に求められる専門的な力量については、すでに近代公教育制度の誕生以来さまざまな形で論じられ、その理想とされる教師像のなかに、教師の具備すべき資質能力が示されてきた。その典型が中央教育審議会等の答申の中に示されている。そこで、今後の教師にいかなる資質能力が求められているのか、近年の中央審議会答申の内容から探ってみよう。取り上げる答申は、2012（平成25）年8月の答申:「教職生活の全体を通じた教員の資質能力の総合的向上の方策について」(7)（以下、2012年答申と略記）と2015年12月の答申:「これからの学校教育を担う教員の資質能力の向上について〜学びあい、高め合う教員育成コミュニティの構築に向けて〜」(8)（以下、2015年答申と略記）である。

　2012年答申では、現代社会を変化が激しく先行きが不透明な社会と捉え、そうした社会で必要とされる人材像とそのための学校教育のあり方を提示し、

現代的な教育課題への対応を学校に求めている。このような背景から、求められている教員像とその教員が具備すべき資質能力は次のとおりである。

　第一に、上記の人材像を踏まえた教育を展開し、学校現場の諸課題への対応を図るためには、社会からの尊敬・信頼を受ける教員、思考力・判断力・表現力等を育成する実践的指導力を有する教員であり、困難な課題に同僚と協働し、地域と連携して対応する教員である。

　第二に、教職生活全体を通じて、実践的指導力等を高めるとともに、社会の急速な進展の中で、知識・技能の絶えざる刷新が必要であることから、探究力を持ち、学び続ける教員である（「学び続ける教員像」の確立）。

　第三に、そうした教員に求められる資質能力は以下のように整理されるが、これらは、それぞれ独立して存在するのではなく、省察する中で相互に関連し合いながら形成されることに留意する必要がある。

①教職に対する責任感、探究力、教職生活全体を通じて自主的に学び続ける力（使命感や責任感、教育的愛情）

②専門職としての高度な知識・技能

・教科や教職に関する高度な専門的知識（グローバル化、情報化、特別支援教育その他の新たな課題に対応できる知識・技能を含む）

・新たな学びを展開できる実践的指導力（基礎的・基本的な知識・技能の習得に加えて思考力・判断力・表現力等を育成するため、知識・技能を活用する学習活動や課題探究型の学習、協働的学びなどをデザインできる指導力）

・教科指導、生徒指導、学級経営等を的確に実践できる力

③総合的な人間力（豊かな人間性や社会性、コミュニケーション力、同僚とチームで対応する力、地域や社会の多様な組織等と連携・協働できる力）

　2015年答申では、従前の資質能力に加え、新たに次の資質能力が求められている。第一に、自律的に学ぶ姿勢を持ち、時代の変化や自らのキャリアステージに応じて求められる資質能力を生涯にわたって高めていくことのできる力や、情報を適切に収集・選択・活用する能力や知識を有機的に結びつけ構造化する力である。第二に、アクティブ・ラーニングの視点からの授業改善、道徳教育の充実、小学校における外国語教育の早期化・教科化、ICTの活用、発

達障害を含む特別な支援を必要とする児童生徒等への対応などの新たな課題に対応できる力である。第三に、「チーム学校」の考えの下、多様な専門性を持つ人材と効果的に連携・分担し、組織的・協働的に諸課題の解決に取り組む力である。

　これら2つの答申が新しい時代の教師に求められる資質能力として標榜しているのは、不易な資質能力に加えて、変化する社会と教育事情に対応すべく教師自らが学び続ける力と、新しい教育実践の課題に対応できる力であり、「チーム学校」の理念を実現しうる総合的な人間力である、といえる。

2　制度化された教師の力量形成の場・機会としての授業研究

　教師が力量を形成し高度化する場や機会は多種多様に存在する。制度化されたさまざまな公的・義務的な研修や講習、あるいは自主的な教師のサークルや研究会を通しても教師は学び、その力量を形成し高めることが期待されうる。また、教師の個人的で日常的な研鑽や日々の実践研究を通しても教師の力量が形成され、高度化することが期待されうる。ここではまず、制度化された教師の力量形成・学びの場・機会である授業研究を取りあげてみよう。

　小学校の教師を対象にして、ベネッセ教育開発センターが実施した「授業力向上のために、もっとも力を入れたいこと：学校全体として」と題する調査によれば、授業力向上のためには、19の選択肢のうち他の選択肢をはるかに凌いで、「校内研修の充実」、「研究授業・公開授業の活性化」、「教師間のコミュニケーションの活発化」の3つが必要であると管理職も一般教師もほぼ同じように答えている[9]。また、教師を対象にした「教師としての成長において何がもっとも有効であったか」という調査でも、回答は「自分の授業の反省」、「同じ学年（教科）における授業の研修」、「校内研修」の順に高くなっている。このように、教師の成長・力量形成、特に授業力の向上の場・機会としては、「校内研修」、「授業研究」がその中核にある、と当の教師も位置付けているのである[10]。

(1) 授業研究の成立

我が国の授業研究の歴史は古い。以下、稲垣 (11) に拠りながらその成立期を
振り返ってみよう。1886（明治19）年、1892（明治25）年、1897（明治30）
年と、省令:「尋常師範学校ノ学科及ヒソノ程度」の改正にともなって、「実地
授業」の規定がより詳しくなり、「授業に当たらせる生徒を率いてこれに立ち
会いその授業を監督して適否を批評しまた時々自ら教授して之か模範を示すべ
し」(12) とあるように、特に、師範学校附属小学校での実習を授業研究の場と
するような方策が進められている。高等師範学校附属小学校初等教育研究会は
その事業として毎月1回の「実地授業の批評研究」を明記している。こうした
明治30年代の授業研究の普及にともない、多くの附属小学校は授業研究の観
点として「授業批評の要項」を示している。

これらの公的制度的ルートと並行して、明治20年代には、行政と深く関連
しつつ各地の地方教育会などによる「授業批評会」、「授業演習会」、「講習会」
等、定期的な授業研究会が開催されている。明治30年代の初めには、講習会、
授業の模範の提示という形から、学校単位での実地授業参観を中心とする授業
法の研究会という形へ移行し、しかも各学校および地域内で交代に授業法の研
究会を開くという形式が次第に広まっている。この時期は、「ヘルバルト主義
教授理論」が教授法として定着しはじめた時期と重なり、1897（明治30）年
にはその教授論の普及を目的とした講習会ブームが全国に出現しているのであ
る。

ところで、このように隆盛を極めた授業批評会・授業研究会の実態は、どの
ようなものであったのであろうか。授業批評会・授業研究会は、附属小学校等
で定められている「授業批評会要項」に従って展開され、校長を権威者とし批
評委員の批評に始まり、最後は校長の批評を以て終わる一種の儀式になってい
る、と当時すでに指摘されている。

　「各地とも盛んに教授法の批評会というものが開かれ、教授法の改良進
　歩を計る真に熱心なるものと言うべく、教育界のため慶賀すべきことな

り。然れども、仔細に之を観察すれば、聊かその効能に疑いなき能わず。『机上の巡視一回多すぎたり』、……。誠にケチ臭く、否な教授者をして恒に戦々恐々恰も薄氷を踏むが如き思いを為す神経衰弱者を作る体のもの多し。此くの如くして教育者をして益々形式的に流れしむ」(13)。

　全国の学校に普及した「授業批評会」「授業研究会」は教師に教授の定型をモデルとして提示し、あるいはモデルの確認を求めることによって、教授の様式を普及させる機能を果たしていた。しかし、その当初から、「授業批評会」や「授業研究会」は形式化儀式化の傾向をはらんでいたのである。

　とはいえ、授業研究は明治以来130年あまりにわたり全国の学校で営まれ、今日に至っている。授業研究は前述の調査結果のように、当の教師自身の意識の中でも教師の力量形成のもっとも有効な場として機能しているのである。

(2) Lesson Study としての授業研究の世界的普及

　このような長い歴史と伝統を持つ日本の授業研究は近年新たな展開を見せている。授業研究がレッスンスタディ（Lesson Study）として世界の注目を集め、教師の力量向上・授業改善の新機軸として急速に世界中に広がっているのである。レッスンスタディという言葉に世界の関心が集まってからすでに久しいが、ドイツ・日本・アメリカの授業を比較したスティグラー（Stigler, J.W.）らの『ティーチング・ギャップ』(14) の出版を契機に、また、JICA（独立行政法人国際協力機構）やAPEC（アジア太平洋経済協力）のプロジェクトを通して、当初のアメリカを中心とした動きが、アジアはもとより、ヨーロッパ、アフリカ等へ普及し世界の多くの国々がレッスンスタディに熱心に取り組んでいる。2006年には、「世界授業研究学会」（WALS）が設立された (15)。

　このようなレッスンスタディの世界的普及によって、レッスンスタディの内実はともあれ、世界の実施状況は、日本の授業研究の実施状況を凌ぐ勢いである。国際調査であるTIMSS2003（IEA国際数学・理科教育動向2003年調査）によれば、他の教師との交流に関する「教え方について話し合う」、「教材の準備に一緒に取り組む」という項目では、日本の小学校の理科教師は国際平均程

度あるいはやや低い状況にあるが、中学校の理科教師は国際平均を大きく下回っている [16]。とはいえ、この海外における普及・拡大に触発されてか、当の日本でも授業研究への関心が改めて高まっている [17]。

（3）授業研究の制度と構造

①授業研究会の開催と構造

授業研究は、個々の教員による日々の実践的研究としても行われているが、通常、学校等によって制度的に行われているもので、授業研究会あるいは研究授業と呼ばれている。国立教育政策研究所の調査 [18] によれば、授業研究を年1回以上実施している学校は、小学校98.7％、中学校97.9％、高校（公立）97.6％、全教員が実施することにしている学校は、小学校72.1％、中学校44.9％、高校（公立）24.2％である。一つのテーマを設定して校内研究として授業研究に取り組んでいる学校は、小学校98.7％、中学校90.7％、高校（公立）35.0％である。また、教員一人当たりの授業研究の回数、参加時のビデオ撮影、教師間での指導案の検討、事後協議会での授業記録やビデオの使用等々の学校の取組みが、授業水準や児童生徒の学力の高さと有意な連関が見られている。

ところで授業研究は、例えば茨城県の学校の場合、市等の教育委員会からの訪問を受け定期的な開催が義務づけられている授業研究会、学校が開催し教育委員会の指導主事等を招致する非義務の授業研究会、文部科学省、県教委、市教委の研究指定を受けた場合に開催する授業研究会の3タイプに大別される。いずれのタイプの授業研究会においても授業が他の参加者によって参観される点は共通し、基本的には授業についての研究協議がもたれている。なお「訪問」は、教育委員会等からの指導主事の訪問を意味している（表5-1参照）。このような市町村の教育委員会と学校による制度化された授業研究会の他に、教員が所属している各種の教育団体の活動としての授業研究会も開催されている。

このような授業研究会はどのような構造をとっているのであろうか。若干の多様性はあるものの、基本構造は共通している。その構造は次のようなものである。

表5-1　茨城県T市の授業研究会

名称	市計画訪問	市教科領域訪問	市指定校訪問	市要請訪問
主催	市教育委員会	市教育委員会	学校	学校
指導者	市教委指導主事	市教委指導主事	市教委指導主事	市教委指導主事
開催頻度	1回/年	1回/年	要請に応じて	要請に応じて
開催義務	あり	あり	あり	なし
参加者 （開催校外）	原則、開催校の職員	原則、開催校の職員	100‐150名	原則、開催校の職員
準備期間	約1ヶ月	約1ヶ月	2年	約1ヶ月
協議会形式	授業記録なし KJ法採用	授業記録なし KJ法採用	授業記録なし KJ法採用	授業記録なし KJ法採用

　【授業研究会の開催決定】→【準備】（「学習指導案の作成・検討」、「教材開発」、「その他の授業準備」→「学習指導案の試行・改善」……）→【授業研究会の開催】（「研究授業の実施」/「研究授業の参観」→「研究協議」（「授業者による授業の説明」→「参加者による研究授業についての協議」→「助言者・指導講師等による授業批評」）→【反省会・懇親会】（場合によって）

　【準備】では、公開する授業（研究授業）の計画を示す学習指導案が立案され検討される。それと並行して、教材の開発が行われる。何か、授業の目玉になるような教材の開発に多くの努力が傾注される。そのための資料が収集され検討される。予定の学級とは別の同学年の学級で、その学習指導案による授業を試行検討し、学習指導案の改善を行う場合もある。

　【授業研究会（研究授業）の開催】では、学内外の参加者に学習指導案が配布され、参加者が参観するなかで研究授業が行われる。研究授業終了後、当該授業についての研究協議会が開催される。研究授業終了から研究協議会開催までの時間は一般的に短いが、文字化された授業記録が用意・配布され研究協議に供されることもある。また研究の経緯や成果に関する資料等も用意されることが多い。研究協議会では、授業研究の課題、研究授業の基底にある授業の理念、当授業の独自の提案などの説明が行われる。続いて授業者からの当授業の説明が行われる。研究授業で重点を置いたところや新しい取組み、あるいは、

反省点が述べられる。その後、協議会参加者との質疑応答、意見交換が行われる。最後に、指導・助言者から研究授業全体についての講評と助言が行われる。

【反省会・懇親会】では、研究協議を離れて研究授業に限らず広範な話題や意見交換がなされる。茶菓が用意されたり、校外に場所を変えて懇親会が開催されることもある。なお、現在ではその開催がますます少なくなっている。

②授業研究の意義と課題

制度化された授業研究の意義としては、前述のように、第一に、教師の熟達的実践力量の育成に貢献することである。教師への筆者のインタビューによれば、その意義が達成される場と目されるのは、公開される研究授業と研究協議会というよりはむしろ、その準備段階、すなわち、公開を控えて学習指導案の検討・改善を繰り返したり、前述のように別の学級でこの学習指導案に沿った授業を試行し改善する過程にある、という。あるいは、教師同士が本音で語れる懇親会や反省会の場こそ最も授業力育成の場になる、という意見も多い。

第二に、授業研究は、理想とする授業像の普及と再生産に寄与することである。例えば、公開の必要のない日々の授業では、諸般の事情で必ずしも当の教師にとって理想的な授業を実施していないが、公開の研究授業では探究的で児童生徒に深く考えさせるような理想に近い典型的な授業を展開するように努める。確かに、こうした授業研究は、典型的な授業を行う教師の授業力を育てるという機能は果たしてはいるものの、他方で、授業の定型化・画一化にも一役買うことになることに留意したい。

第三に、授業研究は、地域の教師と協同するなかで、教育の支配的な価値観、動向、固有のディスコース（語り）を習得し共有する機会を提供し、教師文化の形成に寄与していることである。授業研究には教育にかかわる種々の観点が集約されていて、それは教師文化が総合的に反映される場でもある。無論、この価値観、動向等の把握が最新の教育研究の成果に基づいているとは限らない。

このように、授業研究は教師の専門的成長を促す制度化した職務の一環の取

組みといえるが、授業研究会の現状にはいくつかの課題も見受けられる。

　第一は、研究協議における議論・質疑応答が低調なことである。研究協議の時間の大半は、研究授業に関する基調提案の説明と授業者による研究授業の解説・反省に費やされ、研究協議そのものに割かれる時間は決して多くはなく、質疑応答も低調で議論も深まりにくい。参加者からの意見の多くは、教師文化を反映してか、研究授業の賞賛や授業者の労をねぎらうことに向けられるし、議論が焦点化せずに浅薄に流れることも少なくない。

　第二は、研究授業実施に向けた準備の段階では、目新しい教材を開発することに重点が置かれ、教師の教授活動全体、生徒の学習活動、生徒と教師の相互作用、生徒間のコミュニケーション等への関心は相対的に低いことである。そこには教材開発偏重主義といいうる傾向が見られるのである。

　第三は、研究協議の最後に行われる指導者の批評・助言が一件落着型に終始する場合が多いことである。指導者の意見がいつも当を得ているとは限らず、また、授業者・参加者が指導者の見解に対して異論を唱える場面は全くと言ってよいほどない。結果として指導者の意見に納得がいかないままに研究協議が終了することも少なくないのである[19]。

　こうした課題の解決の要は、教師同士の「同僚性」の構築である。同僚性は、教師相互が専門家としての成長を達成する目的で連帯する同志的関係を意味しており、いわゆる雑談に終始する「おしゃべり仲間」とは区別されている[20]。全国の公立小・中・高等を対象にした大規模調査研究によれば、校内研究の取組みは教員間のまとまりに影響し、学校の授業の水準は、教員間のまとまりと校内研究の取組みの組み合わせによって説明できる[21]、といわれている。

3　日常的な教師の力量形成の場・機会としての　アクション・リサーチ

（1）アクション・リサーチの定義と特徴

　制度化された授業研究は、年１回からせいぜい数回開催されるものであるが、教師が個人的にも日々の実践を研究し、それを通して自ら学び自らの力量

を高めることが必要である。この個人的日常的にも可能な実践研究として、アクション・リサーチがある。アクション・リサーチは長い歴史を持っていて、その定義は多様である。例えば、次のように定義されている。

「アクション・リサーチとは教師が自分で教室で行う研究で、その目的は授業での教授と学習についての理解を深めたり、授業実践の変革を意図して行われる。典型的なアクション・リサーチは、教師が自分自身のクラスにおける小規模な研究プロジェクトにかかわり、それは、計画、実践、観察、反省（振り返り）というサイクルのなかで繰り返されることが多い多数の段階から成っている。」(22)

「自分の教室内外の問題及び関心事について、教師自身が理解を深め実践を改善する目的で実施される、システマティックな調査研究」(23)

こうした論者による定義の多様性が見られるものの、そこには共通する特徴もまた見られる。横溝は、次のような特徴をあげている (24)。

①状況密着型である（小規模であることが多い）。

②教師本人が参加する。

　　　教師自身が教授の改善、自己成長を目指して自主的に始めるボトムアップ形式であって、教育機関等が教師に強いるトップダウン形式ではない。

③状況の改善・教育の質の向上を目指す。

④協同的でもあり得る。

⑤起こした変化によって他の人に影響を与える。

⑥一般化を直接的に目指さない（一般的研究との違い）。

　　　教師自身が教える状況の改善を目指して小規模で状況密着型で行うものであり、その結果を一般化することは不可能である。しかし、多様な教育環境で同種の多数のリサーチの蓄積により、ある傾向の解明も可能になる。

⑦柔軟性があり、取り組みやすく現場の教師向きである。

　　　妥当性・信頼性に重点を置く教育研究法には多数の制約があるが、このリサーチには仮説の適宜変更など柔軟性があり現場の教師に向いている。

⑧システマティックである（通常の実践研究との違い）。

教授についての教師の通常の内省に枠組みをあたえ、それをよりシステ
マティックに変化させ、生産的な研究結果に結びつく可能性がある。

⑨評価的であり内省的である。

ところで、アクション・リサーチに対しては、「質的、主観的な資料を多用
するから信頼性や妥当性に欠け、厳密な意味でのリサーチとは言えない」、と
いった批判がなされることが多い。しかし、こうした外的妥当性（一般論とし
ての妥当性）の不足に対する批判は、アクション・リサーチの目的を誤解して
いることによるものである。「アクション・リサーチは、自分と生徒が直面し
ている問題の解決が第一であって、外的妥当性は差し当たり関心事ではない。
そうすることによって、状況に深く根ざした、多面的な要因を丸ごと探るリ
サーチ（信頼性のある）を成立させる。」[25] のである。

（2）アクション・リサーチのプロセス

上述の定義の多様性を反映して、アクション・リサーチのプロセスにも多様
性が見られるが、研究アプローチ自体が共有されているので共通性も多いので
ある。ハドリー（Hadley,G.S.）が提案するプロセスの例を挙げておこう [26]。

第1段階（開始）：教師が教室内の問題に気付く。

第2段階（予備調査）：授業観察と自身の行動をメモするのに、教師が時間
　を費やす。

第3段階（仮説立て）：観察の後、教師は問題の原因を考察し、仮説を立て
　る。

第4段階（介入）：問題解決のためいくつかの解決法を試みてみる。

第5段階（評価）：何週間か後、何かよくなったところがあったかどうか、
　教師は再び授業を意識的に観察または測定する。

第6段階（公開）：教師は自分の発見を他の教師と共有する。

第7段階（探究）：教師はもともとの問題を解決する他の方法がないか考え
　る。

このように、アクション・リサーチのプロセスは、一種の問題解決のプロセ
スであるが、それは一連のサイクルをなしている。また近年は、アクション・

リサーチのプロセスに研究成果の公開や共有化のプロセスが導入される傾向にある。まとめて言えば、アクション・リサーチとは、具体的な地域の、具体的な学校で、個性的存在としての教師が、個性的存在である子どもたちに対する実際の授業や学校活動で直面する個別的で具体的な問題を解決・改善することを目指した「教師による教師のための実践的研究」であり、一般論としての妥当性よりも、固有性を優先する研究アプローチなのである。そこでは、実践者である教師が、研究成果の消費者としてではなく生産者として主体的な役割を演じるのである。しかもそれは教師がまさしく求めている知見を提供する代表的な研究アプローチなのである (27)。

おわりに

教師の力量や教師に求められる資質能力が、能力、コンピテンシー、スキルなど、いわば客観化できる技術に重点を置いて語られることが少なくない。しかし、教師に求められるのは技術的な力量ばかりではない。技術を超えた教師との出会いが、生徒の人間形成に生涯にわたって多大な影響を及ぼすことも周知のとおりである。教師と生徒との出会いや関係は、まず人間同士のものなのであって技術的なものに解消されない側面・妙味をもち、そこにも教師としての喜びがある。教師が不断に人間としての魅力と豊かさを増すように努めることこそ、教師の力量形成・資質能力向上の基軸なのである。

〈註〉
(1) 羽田積男、関川悦雄、『現代教職論』、p.86、2016、弘文堂
(2) 拙稿「教育系大学院で何を学ぶか―教員養成としてのその独自性と優位性―」、『教職課程』、34巻12号（No.494）、pp.24-27、2008
(3) 佐藤学、『教師花伝書―専門家として成長するために―』、p.16、2009、小学館
(4) 佐藤学、『教師というアポリア』、pp.57-77、2000、世織書房
(5) D.ショーン（佐藤学・秋田喜代美訳）、『専門家の知恵―反省的実践家は行為しながら考える』、pp.76-121、2003、ゆみる出版

(6) 秋田喜代美、藤江康彦、『授業研究と学習過程』、p.235、2010、放送大学教育振興会

(7) 中央教育審議会、「教職生活の全体を通じた教員の資質能力の総合的向上の方策について」(答申)、2012、文部科学省。なお、答申では、「教師」ではなく、「教員」が使われているが、本書では、その資質能力を論じる文脈では両者が同じ意味を持つものとして扱った。以下同様。

(8) 中央教育審議会、「これからの学校教育を担う教員の資質能力の向上について―学びあい、高め合う教員育成コミュニティの構築に向けて―」、2015、文部科学省

(9) 秋田喜代美・C. ルイス (編)、『授業の研究　教師の学習―レッスンスタディへのいざない』、pp.114-115、2008、明石書店

(10) 佐藤、前掲書、p.175、2009

(11) 稲垣忠彦、『明治教授理論史研究』、pp.185-304、1977、評論社

(12) 文部省、『明治以降教育制度発達史』、第四巻、p.425、1997、龍吟社

(13) 稲垣、前掲書、p.303

(14) J.W. スティグラー、J. ヒーバート (湊三郎訳)、『日本の算数・数学教育に学べ　米国が注目する jugyoukenkyuu』、2004、教育出版

(15) 小柳和喜雄、柴田好章、『Lesson Study (レッスンスタディ)』、pp.2-5、2017、ミネルヴァ書房

(16) 国立教育政策研究所、『TIMSS2003 理科教育の国際比較』、pp.111-116、2005、ぎょうせい

(17) 日本教育方法学会、『日本の授業研究―Lesson Study in Japan―　＜上巻＞　授業研究の歴史と教師教育』、2011、学文社、『日本の授業研究―Lesson Study in Japan―＜下巻＞　授業研究の方法と形態』、2010、学文社

(18) 千々布敏弥、「校内研究としての授業研究の現状と課題」、日本教育方法学会、『授業研究と校内研修　教師の成長と学校づくりのために』、pp.10-21、2014、図書文化

(19) 拙稿、「授業研究を通した理科教師の専門的成長」、『授業研究による数学及び理科教師の教授能力向上に関する東アジア4カ国国際会議国際シンポジウム論文集』、pp.1-24、2012

(20) 佐藤、前掲書、p.405、2000

(21) 千々布、前掲書、pp.16-17

(22) 佐野正之、『アクション・リサーチのすすめ―新しい英語授業研究―』、p.35、2002、大修館書店

(23) 横溝紳一郎、『日本語教師のためのアクション・リサーチ』、p.17、2000、凡人社

(24) 同上書、pp.17-19

（25）佐野、前掲書、pp.50-51

（26）横溝、前掲書、p.36

（27）拙稿、「アクション・リサーチの勧め」、平成17-18年度文部科学省選定プロジェクト、広域大学間連携による高度な教員研修の構築連携講座、『学校における実践的研究法（アクション・リサーチ）報告書』、pp.77-82、2007

第6章

教員の職務の全体像と構造

はじめに

　教員は児童生徒の望ましい人格の形成を目指し、学級経営を中心として、各教科の指導や道徳教育、外国語指導、総合的な学習の時間、特別活動、生徒指導、進路指導、部活動などをはじめ、校務分掌の業務など、実に多くの教育活動を行っている。また、多くの職員で組織的に行う学校行事や一人で行う仕事、研究活動や校外での業務など複雑な進め方が要求されている。

　仕事の精選や能率を考えることは必要であるが、どれをとっても、様々な形態によって行われ、児童生徒の健全な人格を形成する上で欠かすことのできない業務である。仕事を進める上で大切なことは、独立して分担されている仕事もすべて関連をもちながら、一人一人の児童生徒の育成に機能しているということである。

　この章では、教員の指導及び指導以外の校務を含めた教員の全体像を理解することを目的としている。

1　職種及び職務内容

　学校には、どのような職種の教職員が置かれているか。法的には学校教育法等では、以下のように示されている。

（1）小中学校には、校長、教頭、教諭、養護教諭及び事務職員を置かなければならない。（学校教育法第37条）

前項のほか、副校長、主幹教諭、指導教諭、栄養教諭その他必要な職員を置くことができる。その他必要な職員は、学校医、学校歯科医、学校薬剤師、学校栄養職員、学校用務員などが考えられる。特別の事情のあるときは、第1項の規定にかかわらず、教諭に代えて助教諭又は講師を、養護教諭に代えて養護助教諭を置くことができる。

(2) 学校には、学校図書館の専門的職務を掌らせるため司書教諭を置かなければならない。（学校図書館法第5条）

　　政令で定める規模以下の学校にあっては、当分の間第5条の規定にかかわらず、司書教諭を置かないことができる。（同附則）

それぞれの職種における職務内容も、学校教育法第37条で定められている。

【校長】
○　校長は、校務をつかさどり、所属職員を監督する。（第4項）
　ア　校務とは、学校運営に必要な校舎等の物的施設・教員等の人的要素及び教育の実施の三つの事項につき、その任務を完遂するために要求される諸般の事務を指す。（東京地判32.8.20）大まかな分類としては、①教育活動に関すること、②学校の施設設備や教材教具に関すること、③文書会計など学校の内部事務に関すること、④教職員の人事に関すること、⑤教育委員会やPTAなどとの連絡調整に関すること、などが挙げられる。
　イ　教育長や教育委員会の権限に属する事務で、委任されたり、職務命令により校長の校務とされたりする事務がある。
　ウ　法的には明示されていないが、校長の校務の一環として、学校保健安全法に関する安全や健康、感染症の予防や患者に対する医療、社会教育法に関する社会教育の講座の実施なども含まれている。
【副校長】
○　副校長は、校長を助け、命を受けて校務をつかさどる。
　副校長は、校長に事故があるときは、その職務を代理し、校長が欠けたときはその職務を行う。この場合において、副校長が二人以上あるときは、あらかじめ校長が定めた順序で、その職務を代理し、又は行う。（第5項、6項）
【教頭】
○　教頭は、校長（副校長を置く小学校にあっては、校長及び副校長）を助け、校務を整理し、及び必要に応じ児童の教育をつかさどる。校長（副校長を置く小学

校にあっては、校長及び副校長）に事故あるときは、校長の職務を代理し、校長が欠けたときは、校長の職務を行う。この場合において教頭が二人以上あるときは、あらかじめ校長が定めた順序で、その職務を代理し、又は行う。（第7項、8項）

ア　校長の補佐、補助（校長の職務全般にわたって直接的に補佐する）をする。

イ　校長の判断決定を適切なものにするため、必要な資料・情報を提供したり、意見を具申したり管理的な作用をもつ。

ウ　児童生徒の授業を担当する。

エ　校長の職務代理、代行者（校長に事故があり又は欠けたとき）となる。

【主幹教諭】

○　主幹教諭は、校長（副校長を置く小学校にあっては、校長及び副校長）及び教頭を助け、命を受けて校務の一部を整理し、並びに児童の教育をつかさどる。（第9項）

【指導教諭】

○　指導教諭は、児童の教育をつかさどり、並びに教諭その他の職員に対して、教育指導の改善及び充実のために必要な指導及び助言を行う。（第10項）

【教諭】

○　教諭は、児童の教育をつかさどる。（第11項）

ア　この規定は、その主たる職務を表現するものであって、学校に配置された教員は学校の所属職員として、校長の監督の下に校務を分担する地位にある。

イ　教諭の職務内容は、上司の発する職務命令によって定まってくる。学級担任、教科担任その他校務分掌など、教諭の職務権限はそれによって具体化する。

ウ　教諭の職務「教育法（兼子　仁）」（下村哲夫『新教育法規基本用語辞典』より）

・　直接的な教育活動（教科指導、生徒指導、特別活動、校外指導など）

・　間接的な教育活動（教材研究、児童生徒の評価、保護者面談、家庭教育の指導、研修など）

・　指導事務ないし教育事務活動（出席簿・通信簿・指導要録等表簿類・日誌等の作成記入、教室・教材・教具等の管理、学校・学級会計の一部など）

【養護教諭】

○　養護教諭は、児童の養護をつかさどる。（第12項）

ア　養護教諭は、児童生徒の養護をつかさどることが本来の職務である。

イ　養護教諭の免許状を有するもの（三年以上養護をつかさどる主幹教諭又は養護教諭として勤務したことがある者に限る。）で養護をつかさどる主幹教諭又は養護教諭として勤務しているものは、当分の間、第三条の規定にかかわらず、

その勤務する学校（幼稚園を除く。）において、保健の教科の領域に係る事項（小学校又は特別支援学校の小学部にあっては、体育の教科の領域の一部に係る事項で文部科学省令で定めるもの）の教授を担任する教諭又は講師となることができる。（教育職員免許法附則15項）

　　ウ　養護教諭の職務内容は、学校保健情報の把握に関すること、保健指導や保健学習に関すること、救急処置及び救急体制の整備に関すること、健康相談、健康診断に関すること、学校環境衛生の実施に関すること、学校保健に関する各種計画及び組織活動の企画運営への参画及び教員が行う保健活動への協力、感染症の予防に関すること、保健室の運営に関すること等が考えられる。

【栄養教諭】

○　栄養教諭は、児童の栄養の指導及び管理をつかさどる。（第13項）

【事務職員】

○　事務職員は、事務に従事する。（第14項）

　　ア　この場合の事務とは、国立学校設置法施行規則第1条第3項「庶務・会計等の事務」を指し、学校管理経営に伴う事務の処理に当たる。

　　イ　職務内容は法規の上から限定せず、学校の運営上の課題から引き出されてくると考えられているからである。

【助教諭・講師・養護助教諭の職務内容】

○　助教諭は、教諭の職務を助ける。（第15項）

　　ア　教諭の職務を補佐し・補助する。教諭に準ずる職務を行う。

　　イ　教諭の代替職員としての性格と補助職員としての性格をもっている。

　　ウ　臨時免許状（助教諭免許状）は、普通免許状を有する者を採用することができない場合に限り、第1項各号のいずれにも該当しない者で教育職員検定に合格したものに授与する。（免許法第5条第6項）

○　講師は、教諭又は助教諭に準ずる職務に従事する。（第16項）

　　ア　講師は、教諭と同等な職務に従事することがあり得る。

　　イ　各相当学校の教員の相当免許状を有する者を充てるものとする。

○　養護助教諭は、養護教諭の職務を助ける。（第17項）

　　ア　臨時免許状は、普通免許状を有する者を採用することができない場合に限り第1項各号のいずれにも該当しない者で教育職員検定に合格した者に授与する。

【司書教諭の職務内容】

平成15年度より学校には司書教諭を置くこととなった。（ただし、「学校図

書館法附則第2項の学校の規模を定める政令」により、学級の数が11以下の学校はこの限りではない）このことにより、各学校においては司書教諭の勤務内容の明確化や学級担任との兼任の場合の配慮、人事異動上の配慮などについて検討を進め、学校間格差や人事異動上の不利益が生じないようにしなければならない。

○　司書教諭の職務内容への配慮事項等（学校図書館法及び文部科学省）
＜学校図書館法　第5条第1項＞
　学校には、学校図書館の専門的職務を掌らせるため、司書教諭を置かなければならない。
＜文部科学省「子どもの読書活動推進に関する基本的な計画（第三次）」＞
　司書教諭は、学校図書館資料の選択・収集・提供のほか、学校図書館を活用した教育活動の企画の実施、教育課程の編成に関する他教員への助言等、学校図書館の運営・活用について中心的な役割を担うことから、その配置の促進を図ることが必要である。
○　職務内容
　ア　指導的・奉仕的職務（利用指導、読書指導、図書委員会指導、行事等）
　イ　管理的職務内容（運営計画、予算案、施設設備の整備、評価と改善等）
　ウ　技術的職務内容（分類の決定、目録の作成、視聴覚器材の管理等）

2　校務分掌組織

（1）校務分掌とは

　学校の果たすべき仕事の全体を、一般に校務といっている。学校の仕事全体とは、学校の全教育活動を展開するのに必要なすべての仕事である。

　学校教育法施行規則第43条は、「小学校（中・高・特別支援学校に準用）においては、調和のとれた学校運営が行われるためにふさわしい校務分掌の仕組みを整えるものとする」としている。ここでいう「校務分掌の仕組みを整える」というのは「学校において全教職員の任務を分担する組織を有機的に編成し、その組織が有効に作用するよう整備すること」を指している。

　組織体としての学校にとって校務分掌は必須のものであり、学校運営の責任

者でもある校長は、それぞれの学校の実情に即した校務分掌を定め、所属職員に校務の分掌を命じ得るものとされている。（学校教育法第37条第4項、学校教育法施行規則第43条、市町村立学校管理規則など）

　校長から命ぜられた教職員は、これを各々の職務として適切に処理しなければならない責務を負う（地方公務員法第32条、地方教育行政の組織及び運営に関する法律第43条第2項）。特に、「教諭は、児童（生徒）の教育をつかさどる」（学校教育法第37条第11項）と規定されているが、それはその職務の特質とするものであり、これのみに限定されるものではなく、教育活動以外の学校営造物の管理運営に必要な校務も、学校の所属職員たる教諭の職務に属するものである。

（2）校務分掌組織

　学校教育法には、「校長は校務をつかさどり、所属職員を監督する」とされているが、これは学校全体の仕事を掌握することであり、校長一人で全般の仕事を処理することではなく、これを所属職員としての副校長・教頭・主幹教諭・指導教諭・教諭・養護教諭・栄養教諭・事務職員及びその他の職員に分担させる。これが校務分掌である。

　この校務分掌は、分類・整理された校務を処理し統括する経路を、経営管理機構として組織したものである。それが校務分掌組織である。

3　校務を分担する主任等

　主任等は、いわゆる中間管理職ではなく、それぞれの職務に係る事項について、教職員間の連絡調整及び関係教職員に対する指導、助言に当たる教職員をいう。校務を分担する主任等には、教務主任、学年主任、保健主事及び事務主任のほか、必要に応じ、校務を分担する主任等を置くことができる（学校教育法施行規則第47条）。また、中学校には生徒指導主事、進路指導主事を置くものとする（同第70条、71条）。省令主任の職務内容の例及び実施時期などは以下の通りである。（学校運営必携十訂版　茨城県学校長会）

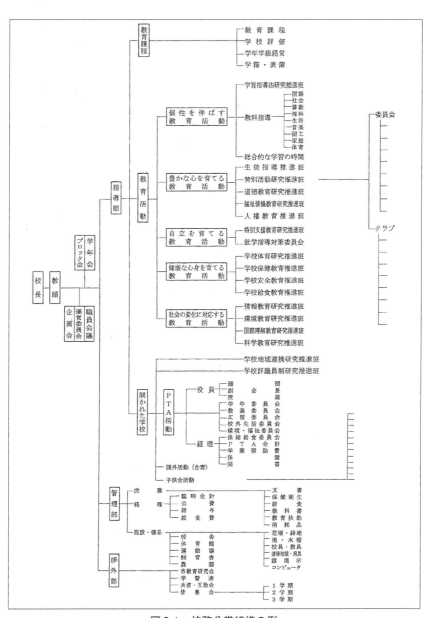

図6-1　校務分掌組織の例
出典：「平成27年度教員ハンドブック」茨城県教育委員会、p.17

<教務主任>

1．教育計画に関すること
　　○教育目標具現化のための原案作成（3月〜4月）
　　○学年学級経営の基本計画の作成（3月〜4月）
2．教育課程に関すること
　　○教育課程の編成計画と管理（2月末）、実施状況報告書の提出（4月末）
　　○授業時間の配当（2月末）、日課表の作成（4月初め）
　　○填補割当てと記録（年間）
3．教科用図書教材等の使用に関すること
　　○次年度使用教科用図書需要数報告（6月）
　　○納入指示書の作成・前期用、後期用（3月、8月）
　　○教科用図書給与及び給与名簿、受領報告書の作成（4月、9月）
　　○転出入児童生徒の教科書取扱い（年間）
　　○準教科書使用承認申請（3月）、補助教材の使用届出（年間）
4．学校行事に関すること
　　○年間行事計画立案（3月〜4月）、月別行事細案作成（3月〜4月）
　　○学校行事等実施承認申請書の作成（年間）
5．各種評価に関すること
　　○学力等調査の立案（4月）、学力等調査の実施（年間）
　　○評価・評定についての立案（6月）
　　○学校評価の実施（年間）
6．指導要録に関すること
　　○指導要録の準備作成（3月〜4月）
　　○記入指導（入学の場合（4月）、卒業の場合（3月）、進学の場合（3月〜4
　　　月）、転学の場合（年間）、転入学の場合（年間）、退学の場合（年間））
　　○管理と保存（学籍に関する記録20年、指導に関する記録5年）
7．出席簿に関すること
　　○出席簿の作成準備（3月〜4月）、○管理と保管（5年保存）
　　○記入について（出席停止の扱い（随時）、臨時休業の場合（随時））
8．職員研修に関すること
　　○年間研修計画の立案（3月〜4月）、月別研修細案作成（3月〜4月）

＜学年主任＞

1．学年経営の計画に関すること
　　○学年経営案の作成、学年年間行事計画の立案（4月）
　　○教科領域（生徒指導を含む）等の学年年間計画の立案（4月）
　　○月、週の予定計画（毎月曜）、学年研修計画（4月～5月）
　　○補助教材の使用の検討（各学期）、諸検査の実施計画（各学期）
　　○長期休業中の学年指導計画（7月、12月、3月）
　　○表簿及び学校規定帳簿の作成と整理（随時）
　　○学年学級経営・行事・学習指導等の反省と評価（随時）
2．学年経営の実践に関すること
　　○学年運営組織機構（校内、他機関等の会議に参加）（随時）
　　○連絡調整（クラブ、委員会、日課変更、PTA、諸問題への対応、会計物品購
　　　入等の処理と調整）（随時）
　　○助言指導（学年の児童生徒の生活実態把握と指導、学習指導・進路指導等の
　　　あり方、学級経営、配慮を要する児童生徒、学習環境の整備、保護者への理
　　　解と協力、学級費等の会計の使用など）（随時））
　　○他団体との連携（PTA…授業参観・奉仕作業・懇談会・講演会等（随時）、健
　　　康診断等（4月～5月））

＜保健主事＞

1．学校健康教育の計画に関すること
　　○学校保健計画及び学校安全計画の作成（2月）
2．学校における保健管理・安全管理に関すること
　　○学校環境衛生の維持改善（随時）
　　○健康診断・相談の実施、保健指導、感染症・食中毒の予防措置（随時）
　　○救急・安全体制の確立、学校保健に関する行事の計画立案、学校環境の安全
　　　点検（随時）
3．学校健康教育の推進に関すること
　　○学校健康教育の計画の作成（3～4月）
　　○教材・教具の整備、保健安全に関する研修（随時）
4．保健安全表簿に関すること
　　○健康診断票の作成・保管（3月～4月）5年保存
　　○学校医執務記録簿の保管、学校歯科医執務記録簿の保管、学校薬剤師執務記
　　　録簿の保管（随時）、保健日誌の検閲（年間）

5．他機関との連絡に関すること
　　○学校保健委員会の組織と運営（随時）
　　○学校保健関係教員との連絡調整、養護教諭との連携、校医との連絡調整、保
　　　健所等地域の医療機関との連携（随時）

＜生徒指導主事＞

1．生徒指導計画に関すること
　　○生徒指導全体計画の立案（3月〜4月）
　　○学年末及び長期休業中における生徒指導計画の立案（7月、12月、3月）
2．生徒指導の実施に関すること
　　○問題や悩みをもつ児童生徒に対する指導、不登校対策
　　○緊急な問題発生への対応
　　○家庭環境調査票の作成
　　○相談室の整備及び管理運営、個別の指導資料作成
3．生徒指導についての研修に関すること
　　○教育相談、家庭訪問・保護者面談等の実施に関する研究
　　○生徒指導に関する基礎的資料の整備
4．外部関係機関との連携に関すること
　　○PTA・地域社会・警察・青少年相談員・その他諸機関との連携体制の整備・
　　　指導推進

＜進路指導主事＞

1．校内進路指導体制の企画に関すること
　　○進路指導委員会組織運営の原案作成、運営の推進
2．進路指導の計画に関すること
　　○指導計画の立案（進路指導目標、学年目標及び全体計画）（3月〜4月）
3．進路指導の実施に関すること
　　○諸検査の計画実施、進路指導に必要な個人資料収集・整理
　　○進路関係コーナー等の管理運営、助言指導
4．進路指導の研修に関すること
　　○資料等の収集と活用、進路指導上の課題の分析、研修の実践
5．他機関等との連絡に関すること
　　○職業体験協力事業所、ハローワークとの連絡、進学先学校との連絡

　さらに、校務分掌の中には、各種コーディネーターの位置付けがなされており、特に特別支援教育コーディネーターは、特別支援教育の推進・充実を図ったり、福祉・医療等関係機関との連絡・調整を行ったり、幼児児童生徒の保護者や担任等に対する相談を進めたりするなど、その役割は重要である。また、道徳教育の推進・充実を図るための道徳教育推進教師なども置かれている。

4　経営への参画意識を高める

　学校は教育目標の達成と、その成果をあげることをねらって組織を編成し、構成員である教職員がそれぞれ担当する業務を遂行していくことになる。この分業と協業をより効果的に行うためには、校長を中心としたチームワークが必要である。校長のリーダーシップと、教員の活発な発言や協働体制、一人一人の創意工夫などが尊重されることで、学校経営への参加意識が高まってくると考える。参加意識の高揚の条件としては次の点が必要である。
　〇学校経営の方針が明確で、運営方法等を共有していること
　〇経営が組織的・協働的でそれぞれが自己の職責を認識していること
　〇関係する教職員等の人間関係の調整がうまくいっていること

5　会議等

　多くの学校では、毎週1回や、毎月1回などと日時を定例化し、職員会議を設置している（学校教育法施行規則第48条）。職員会議は、校長が主宰し、校長の職務の円滑な執行に資するために行われるものである。
　その他、学年会、教科部員会などが定期的に、各種委員会が必要に応じて設置されている。一人の教員は複数の組織に属し、様々な仕事を同時並行的にこなしているのが現状である。

おわりに

　日本の学校教育は、教職員の献身的な努力により、国際的に見ても高い成果をあげ、それを維持している。しかし、社会や経済など子どもたちを取り巻く環境の変化が、人間関係や行動様式に様々な影響を与えている。一人一人の教職員が子どもたちのよりよい成長を願いながら、変化に対応し成果をあげるためには、学校全体の姿勢が問われている。一人一人の教職員の意識を高めるとともに組織として協働して取り組んでいくことが求められている。職務内容を見直したり分掌を工夫したりしながら柔軟に対応できる組織運営を目指していくことが大切である。

〈参考文献〉

茨城県学校長会、『学校運営必携十訂版』、2013、茨城県教育センター

茨城県教育委員会、『教員ハンドブック』、2015

下村哲夫、『新教育法規基本用語辞典』、1982、明治図書出版

第7章
授業づくり・学習指導と教師

はじめに

　教師の仕事で中心となるのは、毎日の授業、学習指導である。教師には授業以外にも、学級経営や生徒指導、保健・安全に関わる指導、キャリア教育に関わる指導、部活動など様々な仕事があるが、児童生徒にとって学校生活の中心は授業であり、その質を高めることが何より重要である。かつて1学級の人数が40～50人だった頃は、教師から児童生徒への知識・技能の注入型の授業、教師主導の傾向が強かったが、現在では、児童生徒主体の学習指導へと様変わりしてきた。さらに、2016（平成28）年12月の中央教育審議会答申において、「主体的・対話的で深い学び」の実現が謳われ、これからの学習指導では、学びの過程を質的に高めていくことがより明確に示された。本章では、学習指導に関する基本的な考えと、充実した授業づくりについて探っていきたい。

1　学習指導の基本的な考え方

（1）学習指導とは

　学習指導とは、教育の目標を達成するため、児童生徒に対して教師が意図的・計画的に活動を組織したものである。学校における学習指導は、「教材」を媒介として、児童生徒が日常の生活経験の中だけでは習得することが困難な知識や技能、ものの見方や考え方などを、効果的に習得させることを目指して行われる、教師と児童生徒の活動である。

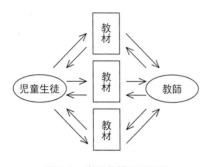

図7-1　学習指導の3要素

　学習することを通して、今まで分からなかったことが分かるようになったり、それまで解けなかった問題が解けるようになったり、以前にはできなかったことができるようになったり、といったような変容が児童生徒に表れてくる。このような自分の成長や進歩を自覚できたとき、児童生徒は嬉しさや喜び、充実感や精神的な爽快感を感じとることができ、それが次への意欲へとつながっていく。

（2）学習指導の目指すところ

　学習指導を進めるにあたって、まず押さえておかなければならないことは、「学ぶ主体は児童生徒である」という点である。教師が準備してきた知識や技能を、児童生徒にただ伝えて分からせるだけでは、教育の目標は達成できない。「21世紀の社会は知識基盤社会である」といわれ、情報化やグローバル化といった社会の変化は、人類の予測を超えて加速度的に進展している。「最新」として取り入れた知識であっても、それほど時間が経たぬ間に「最新」でなくなってしまう。最新の知識を自分のものとして持ち続けるには、常に必要な情報を判断し、更新し続けていくことが必要となる。

　この変化の激しい時代を、児童生徒が、現在並びに将来にわたって生きていくためには、常に「学ぶ主体者」であり続けなければならない。そのためには、児童生徒が日々の学習指導を通し、自ら課題を見つけ、自ら学び、自ら考え、自ら行動する力を身に付けていくことが最も重要となる。かつては教師が児童生徒を教えることを「教授」といったが、教師が一方的に知識や技能を注入するだけの授業では、主体的に学びに向かう児童生徒を育てることはできない。学校教育を通じて児童生徒にどのような力を育成していくかについて、ここでは2007（平成19）年6月に改正された学校教育法と、2016（平成28）年12月の中央教育審議会答申「幼稚園、小学校、中学校、高等学校及び特別支援

学校の学習指導要領の改善及び方策等について」の2つを取り上げて確認する。

①2007（平成19）年　改正学校教育法より

2006年12月、約60年ぶりに改正された教育基本法の理念を踏まえ、翌年の2007年には、「学校教育法」、「地方教育行政の組織及び運営に関する法律」、「教育職員免許法及び教育公務員特例法」のいわゆる教育三法の改正が行われた。この中で学校教育法の改正では、新たに義務教育の目標を定めるとともに、幼稚園から大学までの各学校種の目的と目標の見直しが行われた。小学校教育や中学校教育を通して、児童生徒にどのような力を養っていくかについて、以下のように記された。

【学校教育法第30条第2項】
　前項の場合においては、生涯にわたり学習する基盤が培われるよう、基礎的な知識及び技能を習得させるとともに、これらを活用して課題を解決するために必要な思考力、判断力、表現力その他の能力をはぐくみ、主体的に学習に取り組む態度を養うことに、特に意を用いなければならない。

学校教育が目指すべき「学力」の要素として、

○基礎的・基本的な知識・技能

○知識・技能を活用して課題を解決するために必要な思考力・判断力・表現
　力等

○主体的に学習に取り組む態度

の3つが示された。単に知識や技能を習得するのではなく、思考・判断・表現を通じて様々な場面において活用可能な知識・技能、使える知識・技能を身に付けることが大事であることを述べている。さらには、生涯学習の基盤ともなる学習意欲や態度を、「学力」の要素として定義した点も重要である。

②2016（平成28年）12月　中央教育審議会答申より (1)

中央教育審議会は、これからの社会を創り出していく児童生徒たちが、社会や世界と関わり合い、自分の人生を切り拓いていくために求められる資質・能力は何かを、教育課程において明確化することとした。各教科をなぜ学ぶのか、それを通じてどのような力が身に付くのか、学習指導要領の改訂にあたっ

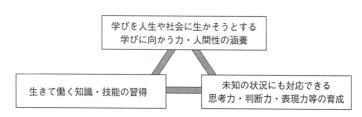

図7-2　新しい時代に必要となる資質・能力

ては、各教科の目標や内容について、図7-2の３つの柱に基づいて再整理する必要があることを答申で示した。

1)「何を理解しているか、何ができるか（個別の知識・技能の習得）」

　各教科等において習得する知識や技能であり、この技能には身体的技能や芸術表現のための技能も含まれる。習得した知識・技能は、単に「知っている」に留まらず、社会の様々な場面で活用できる知識・技能となっていることが大切である。

　そこで、新しい知識や技能を習得する際には、一つ一つバラバラの状態のまま、知識や技能の量を増やしていくというのではなく、既存の知識・技能と関連付けたり組み合わせたりすることによって、その内容の深い理解を伴いながら体系化して身に付けていくことの重要性を答申では示した。

2)「理解していること・できることをどう使うか（思考力・判断力・表現力等の育成）」

　児童生徒が、1）で習得した知識・技能を活用しながら、思考・判断・表現できるようになることが重要である。問題発見や解決において、思考は新たな情報と既存の知識を適切に組み合わせて、それらを活用しながら問題を解決したり考えを形成したり、新たな価値を創造していく際に必要とされ、また、判断は必要な情報を選択したり解決の方法を選択・決定したりする際に必要となる。さらに、対話や議論を通じて他者と協力しながら問題解決していく場面においては、伝える相手や状況に応じて表現できることが求められる。知識・技能が、他の場面でも活用できる知識・技能となるためには、

個別の知識・技能の習得と併行して、思考力・判断力・表現力等の力を養っていくことの重要性を答申では示した。

3)「どのように社会・世界と関わり、よりよい人生を送るか（学びに向かう力、人間性等）」

　　主体的に学習に取り組む態度や自己の感情や行動を統制する力、自らの思考のプロセスを客観的に捉える力などの情意や態度に関わるものや、互いのよさを生かして協働する力、リーダーシップやチームワーク、優しさや思いやりなどの人間性に関するものを、育成を目指す資質・能力の1つとして位置付けた。上記1)や2)の基盤となる重要な要素であることを答申では示した。

（3）授業づくり

　授業づくりは、教師の仕事の中心である。「学ぶことは楽しい」、「いま学んでいることは役に立つ」と児童生徒が実感できる授業をつくるためには、児童生徒の的確な実態把握や指導のねらいの明確化、より効果的な指導方法の検討が重要である。ここでは、学習指導を充実させるために留意する点や教師がすべき仕事について述べる。

　①児童生徒をよく知ること

　まず、児童生徒の顔と名前を覚えることが、授業づくりのスタートである。授業中に一人一人の学習状況を把握するために机間指導をしたりノート指導をしたりする際に必ず必要となる。教科担任制の中学校の場合は、授業以外の場面でも、生徒にできるだけ接する機会をつくるよう心がけるとよい。また、適切な指導目標、指導過程、指導方法を見出していくためには、児童生徒の能力や適性、興味・関心、学習の習熟度などを的確にとらえておくことが必要である。各種検査や調査、観察などによって、児童生徒一人一人をよく知ることが大切である。

　②教材研究を十分に行うこと

　教材研究では、「何を」、「いつ」、「どのように」の3点を押さえることが重要である。ここでは、教材研究とは何をどう進めていったらよいかについて具

体的に述べる。

1）「何を」指導するのかを明確にする……指導目標の明確化……

　学習指導を通して、児童生徒にどのような力を身に付けさせるかを、まず始めに明確にしておく必要がある。単元全体を通して、あるいは1単位時間ごとに、どんな力を身に付けさせようとしているのかを、学習指導要領や解説資料などを基にして、自分なりに把握することが大切である。また、指導目標を達成した児童生徒の姿を自分の文章で表現しておくことは、授業終了後に、児童生徒に目標を達成させることができたか否かを評価する、教師自身の授業の振り返りにも役立つ。

2）「いつ」指導するのかを押さえる……単元の指導計画の作成……

　単元全体でどのような資質・能力を伸ばしていくかを念頭に置き、そのために単元の学習活動と内容をどのような流れで構成するのか、また、どのような指導方法の工夫が考えられるか、単元全体を通した構想を作成することが大切である。単元の導入では、児童生徒の学習意欲を高めたり、単元全体の学習の見通しが把握できたりするような工夫があるか、単元の学習を進める中で、個人の考えをまとめたり交流したりする場が設定されているか、単元の後半では、学習したことを振り返ったり整理したり、評価したり個別の支援をしたりする場が十分確保されているか、などの点にポイントを置いて、単元計画を作成したり見直したりすることが大切である。

3）「どのように」指導するかを考える……指導方法の具体化……

　指導目標と単元の指導計画が作成できたら、その指導目標を達成するために最も有効な教材や教具、学習形態などを検討し、1単位時間の流れの構想を決定する。

　ア　教材の決定

　　教材とは、その時間の指導目標を達成するために必要な、教育的内容を含んでいる材料のことである。望ましい教材の条件としては、a）目標を達成させる上で内容が適切であること、b）児童生徒の発達段階や既習の学習に合っていること、c）児童生徒の興味や関心をひくもの、d）地域や児童生徒の学校生活に関わる身近なもの、などが挙げられる。教科書にあるものを、

そのまま教材として用いる場合もあるが、教材の基となる素材を集め、教師自身の手で再構成して教材化するなど、指導目標を達成する上でより有効なものを選んだり作り出したりしていくことが大切である。

イ　教具の決定

　教具は、教師が使う物と児童生徒に使用させる物とに大きく分けられる。小学校の授業では、教科書と黒板だけでの指導では、子どもたちの学習意欲を喚起したり集中力を維持したりするのは困難であり、できるだけ具体物を見せたり操作させたりすることが必要である。中学校や高等学校においても、有効に教具を活用することは大事なことである。

　最近では、ICTの活用が学校教育に求められ、環境の整った教室では、教師や児童生徒が容易にタブレットPCや電子黒板を使い、授業を進める光景が見られるようになってきた。ICT教育は、今後ますます広がりを見せていくことが予想されるので、ぜひ積極的な活用を図って欲しい。

ウ　学習形態の工夫

　児童生徒が主体的に学習を進めるには、全員が黒板に向かって机を並べるいわゆる一斉学習の形態だけでなく、ねらいや活動内容に合わせて、小グループを作ったり、隣の友達とペアで話し合わせたり、「コの字型」に机を移動して話合いをしたりするなど、いろいろな学習形態の工夫をすることが必要である。以下に、主な学習の形態とその特徴についてまとめる。

〈一斉指導〉

　一度に多数の児童生徒を、同一方法、同一進度で指導できるという長所がある。学級全員に短時間で伝えたり、共通理解させたり、まとめたりする際に有効である。しかし、指導が画一的になりやすく、一人一人の学力に対応できないという短所がある。一部の理解の早い児童生徒だけが中心となって学習が展開していくことがないよう、注意する必要がある。

〈小集団学習〉

　一斉指導の中では発言できない児童生徒が発言したり、友達と学び合うことで活発な学習が展開されたりするという長所がある。児童生徒一人一人に主体的な学習の機会を与え、学習効率を高めることに効果的である。小集団

を編成するにあたっては、等質の集団・異質の集団などがあるが、学習のねらいや活動内容に応じて、構成の工夫をすることが必要である。協働で1つのものをまとめたり作ったりする場合は、一人一人が活躍できるように役割分担することも必要である。

〈ペア学習〉

　学習の遅れがちな児童生徒も消極的な児童生徒も、発言の機会が増えることにより、気軽に意見が言えたり相談したりすることができる。また、友達に発信することにより、自分の考えに自信をもったり自分とは違う考えに気づいたりすることもできる。

〈個別学習〉

　読む、書く、計算する、まとめる、作る、練習する、などの活動を個別的に進めるもので、児童生徒一人一人の学習の成果や課題がとらえやすくなる。机間指導において、理解の状況やつまずき、学習の進み具合などを把握し、適切な助言指導を行うことが大切である。

エ　1単位時間の流れの構想

　1単位時間の流れは、大きく「導入」、「展開」、「終末」の3つに整理することができる。導入に時間をかけすぎると、終末において時間が不足し、まとめや適用練習ができなくなってしまうことがある。導入、展開、終末の指導過程の役割を理解し、時間配分に留意しながら授業を進める必要がある。以下、それぞれの段階におけるねらいと、配慮すべき点についてまとめる。

〈導入について〉

　導入では、本時の課題を分かりやすく提示する。この段階でのねらいは、指導しようとする内容や教材に関心を持たせたり、学習意欲を喚起させるための動機づけをしたり、学習のめあてをはっきりさせたり、問題意識を高めたり、学習の方法や手順をつかませたりすることである。

　指導にあたっては、児童生徒の興味・関心に結びつく素材を提示したり、場面設定の工夫をしたりするとともに、どんな方法で解決できるか、これまでに学習した何が使えるかなど、見通しをもたせることが大切である。

〈展開について〉

展開では、本時の目標を達成するための学習活動を適切に位置付ける。「読む」、「書く」、「調べる」、「話し合う」、など児童生徒が思考・判断・表現できる活動を用意する。この段階でのねらいは、児童生徒が目標達成に向けて主体的に学習に取り組むことができることである。

指導にあたっては、児童生徒の活動時間を十分にとること、一人一人の学習状況を把握し適切な助言・指導を行うこと、自力解決の場とともに、それを生かした協働的な学習の場を設定すること、一人一人の活動に対し、認めたり励ましたりしながら個に応じた指導を行うことが大切である。

〈終末について〉

終末は、学習内容の確実な定着を図る場である。本時の課題に対するまとめをしたり、適用問題など定着を図るための問題を位置付けたりする。この段階でのねらいは、児童生徒が本時の学習を振り返り、何を学んだかを自覚できるようにすることである。

指導にあたっては、本時のまとめを簡潔に板書すること、ノートに整理する時間を確保すること、本時の学習内容に応じた問題を解く時間を設定すること、問題への取組みの様子から目標の達成状況を把握すること、習熟の程度に応じて補充・発展的な問題に挑戦させることが大切である。

2　充実した授業をつくる

（1）学習指導案とは

教師が授業をどのように進めていくかを記載した、授業の計画書、設計図のことである。本時の目標を達成するために、児童生徒にどのような課題を提示し、どのような活動を仕組み、どう支援していくのかを明確にしたものである。学習指導案を書くことにより、教材の内容が深く理解できたり、指導内容の系統を改めて理解できたりすることがある。また、児童生徒の実態をとらえなおしたり、学習上の課題を再認識したりすることができる。学習指導案を作成することによって、教師は指導目標や指導内容を明確に押さえた、より充実した指導が行える。

（2）学習指導案を作成する

　学習指導案は、各学校で研究テーマなどを加味し、創意工夫されたものを使用している。以下に示す指導案は、一般的な指導案の例である。

第○学年○組　　○○科学習指導案

指導者　　○○　　○○

1　単元名
2　単元の目標……　学習指導要領に示された目標を踏まえて記載する。
3　単元について
　(1)　教材観……　単元の系統性や教材そのものがもつ価値を記載する。
　(2)　児童生徒観……　児童生徒の現時点での姿を、学習状況調査やアンケート調査の結果等から分析して記載する。
　(3)　指導観……　(1)で示した教材的価値を、どのように生かして単元の学習を展開するか、本単元を通して育てたい児童生徒の姿を具体的に書く。
4　指導計画と評価規準……　単元全体をどういう手順で学習するかを示す。単元の各段階の主な学習活動や指導上の留意点、評価規準、時数等を書く。
5　本時の学習
　(1)　目標……　本時の学習活動を通してどのような力を児童生徒に身に付けるかを具体的に書く。
　(2)　準備・資料……　本時の学習活動で使う教材や教具、資料、教育機器等を記入する。
　(3)　展開……　本時の目標を達成するための授業展開の計画を示す。

学習活動・内容	指導上の留意点
○具体的な学習活動に即した表現で、児童生徒を主体にして書く。児童生徒が実際に行う学習活動の流れに沿って記述する。	○本時の目標を達成するための手段や指導の工夫点を具体的に記述する。 ○指導形態の工夫や少人数指導の工夫について記述する。 ○個に応じた指導について具体的な手立てを記述する。 ○本時の目標に照らして、評価の観点と評価方法を具体的に記述する。

（3）発問の工夫

　発問とは、授業中における教師の意図的な児童生徒への問いかけである。授業において発問は極めて重要な指導技術であり、発問し、児童生徒の反応を受け止め、次に発展させる過程は、まさに教師の力量が問われる。図7-3は元北海道教育大学教授の野口芳宏氏が、「よい発問の条件」として挙げたものである。①は誰が聞いても同じ意味に解釈できる、児童生徒の耳にすんなり入り、何を考えればいいのかがよく分かること、②は始めは易しいと思っても取り組んでみたら手ごわいといった、児童生徒の実態より少し上のレベルのもの、③は発問を通して考えることで、始め曖昧だったことが鮮明となり、すっきり分かったと思えること、④は児童生徒が学びを深め、学ぶ喜び、充実感を実感できること、⑤は1つ目の発問をしてそれを解決すると、さらに質の高い問いが生まれ、それを解決するとさらに上のレベルに導かれるというように、児童生徒の理解を次々と深めていくこと、⑥は「AかBか、○か×か」と問いかけたとき、児童生徒の反応が半々に分かれるような発問。野口氏は著書『教師のための発問の作法』の中で、この①～⑥について国語教材「ごんぎつね」を例に挙げ具体的に述べている[2]。

```
①明快であること
②やや難解であること
③すっきりと分かったと思えること
④充実感、満足感が得られること
⑤発問相互に系統性があること
⑥多様な反応があること
```

図7-3　よい発問の条件

　発問の練られた授業は、児童生徒は授業に参加している感じが強まり、考えることが楽しくなる。また、教師はねらいに沿った授業展開が可能となり、学習状況の把握や個に応じた指導がし易くなる。その結果、児童生徒は充実感や達成感を感じる機会が増え、学習意欲の向上にもつながる。

（4）板書の工夫

①板書の役割

　板書は、児童生徒の1時間の学習の足跡であり、板書するときには、授業の流れが分かるような構造的な使い方をすることが大切である。板書には、学習

のめあてを明確にしたり、児童生徒の思考を助けたり、学習のまとめをし易くしたりする役割がある。文字や式、図を書くだけでなく、教師が準備した資料を掲示したり、児童生徒が自分の考えを説明したりする場面でも使われる。板書計画を考えることで授業全体の流れをイメージでき、展開を見直したり発問を変えたりするなどして、学習内容の確実な理解につなげることもできる。

　②よりよい板書のための工夫

　図7-4は、よりよい板書にするための工夫をまとめたものである。板書する時には、文字が乱雑であったり小さかったり薄かったりせず、正しい筆順でハッキリ書くことが大切である。また、記号や囲み、色チョーク等を上手に使い、視覚的に見易くすることも必要である。丁寧な板書を心掛けることは、授業の充実にもつながる。

| ①見やすく、分かりやすく書く |
| ②学習の流れが分かるように書く |
| ③視覚的にとらえやすいように書く |
| ④1時間で黒板1枚に収まるように書く |

図7-4　よりよい板書の工夫

（5）「主体的・対話的で深い学び」の視点での不断の授業改善

　すべての児童生徒が、学習内容を深く理解し、資質・能力を身に付け、生涯にわたって能動的に学び続けようとするには、不断の授業の工夫・改善が必要である。平成28年の中央教育審議会答申では、図7-5のように「主体的な学び、対話的な学び、深い学び」の3つの視点に立った授業改善により、学びの質を高めていくことの重要性を指摘した。

　これら3つの視点による授業改善を進めることにより、児童生徒が習得した知識や技能、思考力・判断力・表現力等を活用しながら学習に取り組み、さらにより高い資質・能力の育成が繰り返されるような授業づくりを目指していきたい。

◆主体的な学び◆
　　学ぶことに興味や関心を持ち、自己のキャリア形成の方向性と関連
　付けながら、見通しを持って粘り強く取り組み、自己の学習活動を振り
　返って次につなげる「主体的な学び」になっているか。
◆対話的な学び◆
　　子供同士の協働、教職員や地域の人との対話、先哲の考え方を手掛
　かりに考えること等を通じ、自己の考えを広げる「対話的な学び」に
　なっているか。
◆深い学び◆
　　習得・活用・探究という学びの過程の中で、各教科の特質に応じた
　「見方・考え方」を働かせて思考・判断・表現し、学習内容の深い理解
　につなげる「深い学び」になっているか。

図7-5　授業改善の３つの視点

おわりに

　大村はま氏の著書『教えるということ』の中に「仏様の指」という話があ
る(3)。「仏様が道ばたに立っていると、一人の男の荷車がぬかるみにはまって
動けなくなった。男は懸命に引くが車は抜けない。その時、仏様は男が気付か
ないようにちょっと指でその車を押して助けてあげる。すると車はぬかるみか
ら出て、男は何も気付かず行ってしまう。」という話である。仏様は「自分が
押してあげた」とはいわず、男も「仏様に助けてもらえた」ことを知らずに生
きていく。この仏様のような教師が目指すべき教師像であり、教え上手な教師
である。「私が指導したから伸びた」というのではなく、「自分自身の力で成長
できた」と子どもに自信をもたせる教師でありたい。時が経って、子どもは教
師の「仏様の指」があったことを気づくかもしれないが、気づいてもらえなく
てもそれでよい。

〈註〉

(1) 中央教育審議会、『幼稚園、小学校、中学校、高等学校及び特別支援学校の学習指導要領等の改善及び必要な方策等について（答申）』pp.28-31、2016、文部科学省

(2) 野口芳宏、『野口流教師のための発問の作法』、pp.32-43、2011、学陽書房

(3) 大村はま、『教えるということ』、pp.129-131、1973、共文社

第8章

生徒指導と教師

はじめに

　現在、いじめ問題、不登校、発達障害児への支援など、教師が苦戦している場面は多様である。そのような状況下で生徒指導の重要性は高まってきているだろう。生徒指導は学習指導と同様、その目的を理解し、計画を立て遂行する必要がある上、他職種間での連携も求められる。本章では、文部科学省（2010）の『生徒指導提要』に基づき、生徒指導について学校心理学的観点から述べることとする。

1　生徒指導と概論

（1）生徒指導の意義と目的

　生徒指導は、学習指導と並び、学校が教育目標を達成するための重要な機能の1つである[1]。

　文部科学省（2010）の『生徒指導提要』によれば、生徒指導とは、「一人一人の児童生徒の人格を尊重し、個性の伸長を図りながら、社会的資質や行動力を高めることを目指して行われる教育活動」[2]のことである。すなわち、すべての児童生徒のそれぞれの人格のより良い発達を目指すとともに、学校生活がすべての児童生徒にとって有意義で興味深く、充実したものになることを目指す教育活動が生徒指導である。また、近年の悩みや問題を抱えた児童生徒の増加から、生徒指導の中でも特に教育相談が重視されてきている[3]。

各学校における生徒指導の目的については、以下の２点が挙げられる。

　第一に、生徒指導が、教育課程の内外において一人一人の児童生徒の健全な成長を促し、児童生徒自ら現在及び将来における自己実現を図っていくための自己指導能力の育成を目指すという生徒指導の積極的な意義を踏まえ、学校の教育活動全体を通じ、その一層の充実を図っていくことである[2]。つまり、生徒指導は、各教科（国語や数学など）や特別活動、総合的な学習の時間、清掃活動、学校行事、部活動など、学校教育全体を通して行われる。このような場で、自己実現の基礎となる自己選択や自己決定をする機会を児童生徒に与え、その過程における教職員の適切な指導や援助によって、児童生徒を育てていくのである。そして、最終的には、文部科学省の教育振興基本計画にあるように「社会を維持し、より良いものにしていく責任は自分たち一人一人にあるという公共の精神を自覚し、今後の社会のあり方について考え、主体的に行動する」社会の形成者に必要な資質や能力を育成することを目指す[4]。

　第二に、個々の児童生徒の発達状況を踏まえた個別の指導や援助を行うことである。足りない部分を補ったり、望ましい部分をさらに伸ばしたりといったことも求められるためである[2]。

　このように、共通性を基盤に据えつつ個性の更なる伸長を図っていくためには、（４）で述べるような、学校の組織的な計画が必要となる。

（２）生徒指導の目的を達成するための留意点

　生徒指導の目的を達成するにあたり、いくつかの留意点がある。

　１つは、自己指導能力を育むための生徒指導は、学習指導の場を含む学校生活のあらゆる場や機会で行われるため、その際、問題行動など目前の問題に対応するだけにとどめることがないようにする。発達の段階に応じた自己指導能力の育成を図るには、各学校段階や各学年段階、また年齢と共に形成されてくる精神性や社会性の程度を考慮し、どの児童生徒にも一定水準の共通した能力が形成されるような計画的な生徒指導が求められる[2]。

　また、生徒指導の目的を達成するため、日々の教育活動においては、①児童生徒に自己存在感を与えること、②共感的な人間関係を育成すること、③自己

決定の場を与え自己の可能性の開発を援助することの3点に留意することが求められている[5]。

　さらに、多数の児童生徒を対象とする教育課程においては「共通性」が重視されるが、生徒指導においては「個別性」が重視される。人間として必要な共通の基盤に立つ資質能力の育成とともに、社会的な自己実現が図られるようにするためにも、一人一人の個性的な資質能力を伸ばしていくことが重要である[5]。

（3）生徒指導の方法

　生徒指導の方法は、その対象となる児童生徒の規模により、集団指導と個別指導に分けられる。

　集団指導には、一人一人の児童生徒の個性や能力を伸ばすことと、社会性を育むという側面がある。児童生徒が様々な集団に所属して活動することによって、児童生徒の人間関係も多様になり、また生活経験も豊富になるなど、集団での活動には有益な意義が認められる。集団指導における教育的意義としては、①社会の一員としての自覚と責任の育成、②他者との協調性の育成、③集団の目標達成に貢献する態度の育成の3点が挙げられている[6]。

　個別指導とは、学校教育のあらゆる場面で、個別に配慮した指導・援助をすることである。また、授業などの集団での活動場面においても、個別の児童生徒の状況に応じて配慮することを含む。個別指導の目的について、①成長を促す個別指導、②予防的な個別指導、③課題解決的な個別指導の3点が挙げられている[7]。①では、すべての児童生徒を対象に、発達課題や教育課題への取り組みを通じて成長することを援助する。②では、配慮を要する一部の児童生徒を対象に、問題の深刻化を防ぐため、問題の早期発見・早期対応を行う。また、③では、深刻な問題や悩みをもっているなど、特別な援助ニーズをもつ児童生徒を対象に、児童生徒自身の自助資源や援助資源を活用しながら、問題に対処し、学校生活を送れることを援助する[8]。

（4）生徒指導の組織・体制

　生徒指導を全校体制の中で推進するには、校長の経営方針の下に学校のあらゆる組織が効果的に機能することが重要である[9]。そのためには、図8-1のような教育活動の特性と役割及び担当がすべての教職員に理解されていることが求められる。生徒指導の担当者は、言うまでもなくすべての教師であるが、とりわけ、生徒指導と強く関連する教育相談、進路指導、保健・安全指導及び学年・学級経営の位置付けや内容などについては、全教職員はもとより保護者や地域の関係者などにも十分に説明する必要がある[9]。

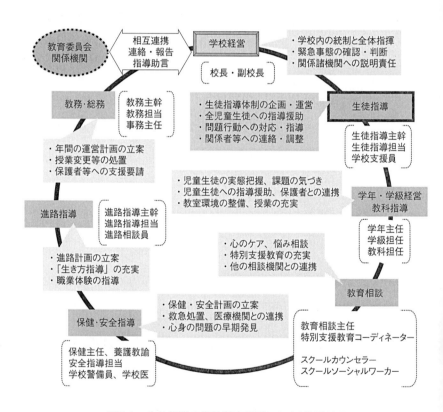

図8-1　生徒指導の学校教育活動における位置付け
『生徒指導提要』文部科学省（2010）P78[9]より抜粋

（5）生徒指導の計画

　（4）の生徒指導の組織・体制を推進するためには、指導計画の整備と改善が大切である。そこで、生徒指導の年間指導計画を作成することが、児童生徒の発達に対応した体系的・継続的な指導に役立つ[10]。年間指導計画を作成する際に重要な視点となるのは、自校の生徒指導の目標、つまり目指す子ども像について教職員が共通認識を図り、その目標を計画の根幹に据えるということである[11]。そうすることにより、問題行動への対応に終始してしまいがちな対処的な生徒指導からの脱却を図ることが期待される。

　さらに、その計画が確かな実践の拠り所として機能を果たすためには、指導する時期と内容を的確に示す必要があり、毎年、立案の段階で十分な検討を重ねて改善を図っていくことも重要である[11]。

2　生徒指導と生徒指導主事

（1）生徒指導主事の法的位置付け

　生徒指導主事の法的な位置付けとして、学校教育法施行規則第70条[12]第1項に「中学校には、生徒指導主事を置くものとする」とあり、同条第3項に「生徒指導主事は、指導教諭又は教諭をもつて、これに充てる」、第4項に「生徒指導主事は、校長の監督を受け、生徒指導に関する事項をつかさどり、当該事項について連絡調整及び指導、助言に当たる」と身分や業務内容について規定されている。高等学校や特別支援学校においても生徒指導主事の位置付けなどは中学校と同様であると学校教育法施行規則において規定されているが、小学校については生徒指導主事に当たる職の規定がない。小学校は学校分掌に生活指導部及び生活指導主任を置いているのが実情とされている[13]。

（2）生徒指導主事の役割

　文部科学省（2010）によると、生徒指導主事には、担当する生徒指導部内の業務をラインとして処理していくだけでなく、学校経営のスタッフの一人として、その学校の生徒指導全般にわたる業務の企画・立案・処理が職務として課

せられていると示されている (13)。生徒指導主事の役割には、次の4点が挙げられる (14)。①校務分掌上の生活指導の組織の中心として位置付けられ、学校における生徒指導を組織的に運営していく責任を持つ。②生徒指導を計画的・継続的に推進するために、校務の連絡・調整を図る。③生徒指導に関する専門的事項の担当者になるとともに、生徒指導部の構成員や学級担任、その他の関係組織の教員に対して指導や助言を行う。④必要に応じて児童生徒や家庭、関係機関に働きかけ、問題解決に当たる。このように、その職務内容は、その学校の生徒指導全般に関する内容であり、生徒指導部内にとどまるものではない。学校心理学の視点から整理すると、①は生徒指導の運営であり、マネジメントである。②は、教師間の連絡調整であり、コーディネーションである。③は、生徒指導の専門的知識に基づいた指導・援助と、学校内の教員への助言であり、コンサルテーションである。④は、児童生徒や家庭、専門機関等との連携であり、チーム援助のリーダーである (14)。このような役割を推進するためには、すべての教職員が生徒指導の意義や目的の共通理解を持ち、一致協力して行っていくことが重要である (9) (13)。生徒指導主事が学校内において孤立したり、学級担任を含む他の教員が生徒指導主事に問題を丸投げしてしまったりする事態が起こらないためにも、以上の点を念頭に置き、推進していく必要があると考えられる。

（3）生徒指導主事に求められる資質や能力

　文部科学省（2010）(13) によると、生徒指導主事の役割を遂行していくために求められる資質と能力について、以下の5点が挙げられている。①生徒指導の意義や課題を十分理解していて、他の教員や児童生徒から信頼されていること、②学校教育全般を見通す視野や識見を持ち、生徒指導に必要な知識や技能を身に付けているとともに、向上を目指す努力と研鑽を怠らないこと、③生徒指導上必要な資料の提示や情報交換によって、全教員の意識を高め、共通理解を図り、全教員が意欲的な取り組みに向かうようにする指導性を持っていること、④学校や地域の実態を理解し、それらを生かした指導計画を立てるとともに、創意・工夫に満ちたより優れた指導が展開できること、⑤変貌する社会

の変化や児童生徒の揺れ動く心や心理を的確に把握し、それを具体的な指導の場で活かしていく態度を身に付けていることである。

　つまり、教職員や児童生徒との信頼関係や人間関係を築くことができ、リーダーシップを取れる人材であること、さらには、生徒指導に必要な知識や技能を身に付けており、それを発展させ指導の場で活かしていくことができることが望まれる。生徒指導主事は、学校全体の生徒指導のコーディネーターであり、プロモーターである[15]。

3　生徒指導と学級担任

（1）生徒指導における学級担任の立場と学級担任による学級経営

　生徒指導は上述のように、管理職の監督のもと、生徒指導主事を中心に全教職員によって進められるべきものであるが[16]、実際の指導に当たっては、児童生徒の日常の姿や学校生活の状況を最もよく把握している学級担任の果たすべき役割は大きい[17]。学級を中心として児童生徒の生活は営まれ、児童生徒の成長発達は進められていく。したがって、学級という学校生活の場面は、生徒指導を進める上でも基本となる生活場面と言える。さらには、学級担任の行う学級経営が生徒指導の推進力となるだけではなく、生徒指導が学級経営の重要な内容を構成していると考えることができる。

（2）学級経営と生徒指導の進め方

　学級経営と生徒指導を進める上でまず重要なことは、学級の児童生徒一人一人の実態を把握することであり、児童生徒理解である[17]。生徒指導は、児童生徒理解に始まり、児童生徒理解に終わるというように、実態を把握することは重要である[18]。学級担任は児童生徒の中には発達障害であったり様々な家庭環境に置かれていたりなど、多様な教育的ニーズがあることを前提に、児童生徒と人間的な触れ合い、きめ細かい観察や面接、保護者との対話を深め、一人一人の児童生徒を客観的かつ総合的に理解していくことが求められる。事例検討会などで教員同士が深く意見を交わすことが教員の児童生徒理解につなが

るため[19]、事例検討会を積極的に活用することがよいと考えられる。

　次に、学級における児童生徒の人間関係を調整し改善しよりよい集団づくりを進めていくことも重要である。そのためには、好ましい人間関係を基礎に豊かな集団生活が営まれる学級の教育的環境を形成し、児童生徒のコミュニケーション能力を高め、開かれた人間関係づくりを進めることが大切である[17]。例えば、構成的グループ・エンカウンター（SGE）[20]、SEL-8S[21]、ソーシャルスキル・トレーニング（SST）[22][23]などの実施は、人間関係の形成や変化、活性化を促進する効果が検証されているため、大変有効であると考えられる。

（3）学級における生徒指導の取組み

　実際の学級における生徒指導の取組みとしては、学校種別によって異なってくる部分がある。学級担任制を一般とする小学校では、児童は授業においてわかる喜びや学ぶ意義を実感できないと情緒不安に陥り、様々な問題行動へと発展しやすいため、学級の授業の在り方と生徒指導とが深く関わりあう[17]。つまり、小学校では、個に応じた指導やきめ細やかな指導に配慮し、分かる授業を通して児童一人一人が学ぶ意欲や学習への成就感を持てるように魅力ある授業や学級づくりを推進することが重要であり[17]、開発的生徒指導（一次的援助サービス）が求められる[8]。もちろん、中学校や高等学校でも、各教科の授業の充実に学校全体で取り組むことが必要であるが、学級における教育活動については生徒指導の充実の観点から授業の在り方を工夫していくことが大切である。特に、思春期・青年期の生徒の発達段階を考え、社会的自立を目指す主体としての自覚と責任感を高め、社会性の一層の伸長を図ることが重要である[17]。

　また、生徒指導では集団に焦点を当てることが主であるが、そこから指導を受けた児童生徒自身が問題を主体的に考え行動につなげていくためには、個に焦点を当てた教育相談が重要な役割を果たす[24]。さらに、成長発達の途上にある児童生徒は、学校生活の中で様々な悩みや不安を持っている。このような児童生徒に対し、個別に話し合い、保護者の悩みなどに対する相談にも当たることが重要である[25][26]。しかし、学級や児童生徒の問題を学級担任が抱え込

む必要はなく、学校の教職員との連携はもとより、スクールカウンセラーなどの専門家や外部の専門機関との連携を図ることが必要な場合もあると考えられる[27][28]。

4　生徒指導と養護教諭

　文部科学省（2010）によると、「養護教諭の職務は、救急処置、健康診断、疾病予防などの保健管理、保健教育、健康相談、保健室経営、保健組織活動など多岐にわたる。養護教諭は全校の児童生徒を対象として、成長や発達を見ることができる」[29]とされている。また、役割としては、①問題傾向の早期発見、②問題傾向の身体的要因の吟味、③教育相談の教員や学級担任への連絡と助言、④児童生徒に対する面接相談を主として健康上の問題に関する相談的役割、⑤専門機関との連携の5点が挙げられている[30]。そして、活動の中心となる保健室は、児童生徒にとっては安心して話を聞いてもらえる場所でもあり、「心のオアシス」[31]である。そのため、養護教諭は「健康面」からの援助サービスの専門家であり[32]、生徒指導の中でも教育相談の役割を担う部分が大きいと考えられる。

　養護教諭は、身体に表れるサイン（身体症状）や児童虐待の兆候などを見逃さないようにするとともに様々な訴えに対して、心身の健康観察や情報収集を図り、問題の背景を的確に分析することが求められる。そして、学級担任などと話し合い普段の学校生活の様子や学業成績、友達関係、家庭状況などの情報を照らし合わせて対応を検討することが大切である。さらには、必要に応じて、スクールカウンセラー（SC）、スクールソーシャルワーカー（SSW）、外部の専門機関との連携を行うコーディネーター的役割が求められている。また、保健室から教員に向けて心身の健康に関する調査結果などの情報提供を行い、生徒指導（特に教育相談）を実施するうえでの資料を提供することも役割の1つであると考えられる。保護者に向けては、保健だよりなどを通じて、睡眠や食事、保健衛生、健康問題への対応などについて情報を配信し啓発活動を行ったり、保護者からの相談に対応したりするなどの児童生徒援助を行うこと

も重要である[29]。このように、養護教諭の生徒指導における役割は教育活動の向上に関して様々な可能性を持っているが、担う役割が増加すると、その役割が拡散・変質化してしまう可能性がある。養護教諭が活躍し、組織全体の教育力を向上させるためにも、養護教諭の複数配置の促進や授業等で養護教諭が保健室を離れる際の体制作りなどを組織的に支援していくことが求められる[3]。

5 生徒指導と教育相談担当

教育相談担当の校務分掌での位置付けは学校によって様々であるが、生徒指導部の中に位置付けられ、学校によっては、特別支援教育コーディネーターや不登校対応の担当を兼ねている場合もある。

教育相談担当の教員の役割として、文部科学省（2010）[33]は以下の6点を挙げている。①学級担任へのサポート。児童生徒や保護者への対応に悩む教員へ「一緒に考える」と言うスタンスで悩みをよく傾聴し支援を行うことが必要である。また、指導や対応に役立ちそうな資料を提供したり、他の教員から情報を収集したり、コンサルテーションを行うなどの支援も考えられる。②校内への情報提供。研修会などで得た最新の情報を校内に提供したり、問題となる児童生徒についての情報などについて学年を超えて収集したり、事例検討の資料として提供する。さらに、児童生徒の指導や集団理解に役立てるよう個別式知能検査などの技法を身につけ、必要に応じて実施する。③校内及び校外の関係機関との連絡調整。個々の教員が直面する問題が深刻な場合などに管理職や養護教諭、スクールカウンセラーなどへとつなぎ、連携を図ることが大切である。さらに校外の専門機関との連絡調整を行うことも重要な役割であると考えられる。④危機場面への適切な対応を図るためのコーディネート。管理職や生徒指導担当教員と協議して危機対応チームの組織化を図り、各教員の役割分担を決めることやその一員として専門機関との連絡調整や心的外傷を負った児童生徒への調査、保護者への対応が役割の1つである。また、予防的観点から危機対応マニュアル作りや危機対応についての知識と方法の校内研修の企画実施を行うことも重要である。⑤教育相談に関する校内研修の企画運営。教員の

ニーズをよく受け止め、学校全体の教育方針に基づいたテーマを工夫して考えることが重要である。また、日常場面での様々な機会を用いて児童生徒の問題を検討する機会を設けるために、お互いに助言しあっていく雰囲気作りをすることも役割の1つである。⑥教育相談に関する調査研究の推進である。例としては、いじめ問題が校内で生じている時に、「いじめについてのアンケート」を作成し児童生徒や教員に実施することが挙げられる。また、それに伴い、いじめの発生件数について、児童生徒と教員の報告の間の差などを検討することもより有効な生徒指導を行うためには重要である。

　以上の点を学校心理学の視点から整理すると、①は、教員に対するサポート、助言でありコンサルテーションである。②は、情報収集とそのまとめの提供であり、アセスメントである。③は、連絡調整、つなぎ役であり、コーディネートである。④は、チーム援助のリーダーである。⑤は、研修型コンサルテーションの企画であり、マネジメントである。⑥は、調査研究とその発信であり、「コーディネーション」[34]と考えられる。つまり、養護教諭の守備範囲は主に教育相談であって、生徒指導における生徒指導主事の役割と一致する。

6　生徒指導と管理職

　校長、教頭（副校長）など管理職は生徒指導（教育相談）を学校運営の中に位置付けるとともに、環境の整備や教員への指導や助言を行う必要がある[35]。広く全体的な視点から教員の教育相談的活動を支えることが学校管理職の生徒指導（教育相談）的役割であると考えられる。その詳細は以下の4点に集約される[35]。1つ目に、校内教員への心理的サポートと指導助言がある。西山（2011）は、これを課題対処の方向づけをしたり経営方針を明確に示したりする変革的リーダーシップと、各教育の活動を尊重し、努力に労いの態度を示す配慮的リーダーシップと述べている[36]。つまり、教員が意欲的に教育に取り組めるように職場環境を整え、教員同士のトラブルの解決に当たったり、個々の教員の教育指導上の問題に指導助言したり悩みの相談に乗ることが求められる。2つ目に、管理職としての児童生徒理解と支援である。校内の児童生徒の

心身の発達傾向や問題を把握して対応したり、児童生徒に対する理解を深めたりしつつ、学校全体の教育的雰囲気も把握し、教員の児童生徒理解の深化を支える。3つ目に、管理職としての保護者への対応である。保護者間の問題の調整や保護者と教員との問題の調整や解決など、保護者への対応は重要な役割である。4つ目に、地域への生徒指導（教育相談）的啓発である。保護者対応のみならず、生徒指導（教育相談）活動を充実させるためには、地域との関係構築は重要であり、管理職の果たす役割は大きいと考えられる。

おわりに

ここまで述べた通り、生徒指導は、児童生徒の成長において必要不可欠なものであるが、その重要性は理解していただけただろうか。さらに、教員一人で実現できるものではないため、管理職、全教職員、外部機関等との連携が必須である。連携については、本書の第14章及び第15章で詳しく述べられているため、そちらの内容も踏まえ、生徒指導に当たってほしい。

〈註〉

(1) 山口豊一（編著）、石隈利紀（監修）、『学校心理学が変える新しい生徒指導　一人ひとりの援助ニーズに応じたサポートをめざして』、p.19、2017、学事出版

(2) 文部科学省、『生徒指導提要』、p.1、2010

(3) 中川智之、森眞由美、「生徒指導及び教育相談の関係性から見た教職員の連携のあり方：学習指導要領及び『生徒指導提要』の分析」、『川崎医療短期大学紀要』、35号、pp.79-87、2015

(4) 江坂栄子、「生徒指導について：「生徒指導提要」をベースにシラバスの検討」、『学び舎：教職課程研究』、7号、pp.44-47、2012

(5) 文部科学省、前掲書、p.5

(6) 文部科学省、同上書、pp.14-17

(7) 文部科学省、同上書、pp.18-20

(8) 石隈利紀、『学校心理学　教師・スクールカウンセラー・保護者のチームによる心理教育的援助サービス』、誠信書房、pp.50-53、2001

（9）文部科学省、前掲書、p.78

（10）山口（編著）、石隈（監修）、前掲書、pp.31-34

（11）文部科学省、前掲書、pp.82-83

（12）市川須美子、他（編）、『教育小六法』、p.162、2017、学陽書房

（13）文部科学省、前掲書、pp.79-81

（14）山口（編著）、石隈（監修）、前掲書、pp.36-37

（15）大野精一、『学校教育相談—具体化の試み』、1997、ほんの森出版

（16）文部省、『生徒指導の手引き』、pp.98-100、1981

（17）文部科学省、前掲書、pp.138-142、2010

（18）山口（編著）、石隈（監修）、前掲書、p.60

（19）山口豊一、他、「学校コミュニティでスクールカウンセラー等の心理職を活用するための開発」、『科学研究費助成事業（学術研究助成基金助成金）基盤研究（C)』、2017

（20）國分康孝、『構成的グループ・エンカウンター』、誠信書房、1992

（21）小泉令三、『社会性と情動の学習（SEL-8S）の導入と実践』、2011、ミネルヴァ書房

（22）相川充、『先生のためのソーシャルスキル』、サイエンス社、2008

（23）山口豊一、他、「対人関係に関するソーシャルスキル・トレーニングの介入研究：中学生を対象として」、『子どもの健康科学』、16巻2号、pp.27-33、2016

（24）山口（編著）、石隈（監修）、前掲書、pp.22-27

（25）文部科学省、前掲書、p.101

（26）文部省、『小学校における教育相談の進め方』、p.5、1991

（27）四辻伸吾、「授業が成立しにくい学級における取り組み」、『児童心理』、65巻3号、pp.117-121、2011

（28）関知重美、山口豊一、「被援助志向性及び心理職活用が小学校教員の「抱え込み」傾向に与える影響—教員の「抱え込み」傾向尺度　小学校版尺度の作成を中心として—」、『跡見学園女子大学文学部臨床心理学科紀要』、2018、印刷中

（29）文部科学省、前掲書、pp.115-116

（30）文部省、『学校における教育相談の考え方・進め方—中学校・高等学校編—』、pp.14-15、1990

（31）出井美智子、「養護教諭とカウンセリング」、出井美智子、鳴澤實編著、『子どもの心がわかる養護教諭に—カウンセリングから学ぶ』、p.16、1991、学事出版

（32）石隈利紀、「コンサルテーションとは」、福沢周亮、石隈利紀、小野瀬雅人（責任編集）、日本学校心理学会（編）、『学校心理学ハンドブック—「学校の力」の発見』、pp.112-113、2004、教育出版

(33) 文部科学省、前掲書、pp.112-114

(34) 瀬戸美奈子、石隈利紀、「高校におけるチーム援助に関するコーディネーション行動とその能力および権限の研究—スクールカウンセラー配置校を対象として—」、『教育心理学研究』、50号、pp.204-214、2002

(35) 文部科学省、前掲書、pp.116-117

(36) 西山久子、「校長のリーダーシップとチーム援助」、『児童心理』、65巻3号、pp.54-60、2011

第9章

学級経営と教師

はじめに

　児童生徒が学校に行くことが楽しい。教師も学校に行くことが楽しい。その楽しさは、充実した生活と学習ができる学校があることによる。学校での活動は、学級・ホームルーム活動が基本単位である。学級・ホームルームという集団が円滑にまとまることにより、充実したものになっていく。そこには、担任教師の意図的、計画的な学級経営（以下、ホームルーム経営を含む）が必要である。（ホームルーム経営は高等学校での学級経営とする。）

　「ヒトは人が教育して人になる」、「教育は人によるところが大きい」等、教育をするには、人が大切な要素である。AI（artificial intelligence）が進んでもやはり教育は人、この場合教師が大切な要素となる。特に学級経営は、人間関係づくりに重きを置くものであるからなおさらである。

　学級・ホームルームは「安心して過ごせる場」「必要な一人として存在できる場」「協力して行動できる場」「皆から大切にされる場」「夢や目標を語り合える場」等でなくてはならない。このような場にするためには、学級をどのように経営していけばよいであろうか。これを進めるのは、担任教師の大きな仕事であり、教師としての生き甲斐を感じる場でもある。

　本章では、学級経営の必要性、よりよい学級経営を進める仕方を自己の経験からできるだけ具体的に論じていく。

1　学級経営の考え方

　学級を経営するとは、学級を単位として子どもたちに必要な教育環境を提供することであり、その結果として教育効果を最大限ならしめることである。

　学級は、児童生徒と教師の学級目標達成のための集団であり、行為である。学級の子どもたちが、自己存在感、自己有用感を持って集団として成立していくためには、教師の意図的・計画的な指導が必要になる。（指導には支援が含まれる。以下同様）

（1）学級編制

　現在の「公立義務教育諸学校の学級編制及び教職員定数の標準に関する法律」により、1学級の児童又は生徒の数は表9-1のようになっている。

　この法律により各都道府県、市町村が学級編制を行っている。しかし、多くの都道府県では、1学級の人数を減らす工夫を行い少人数学級編制をしている場合が多い。

表9-1　1学級の児童生徒数

学校の種類	学級編制の区分	1学級の児童又は生徒の数
小学校（義務教育学校の前期課程を含む。）	同学年の児童で編制する学級	35人（2021年度に小2を35人とし、5年かけて全学年）
	2の学年の児童で編制する学級	16人（第1学年の児童を含む学級にあつては、8人）
	特別支援学級	8人
中学校（義務教育学校の後期課程及び中等教育学校の前期課程を含む。）	同学年の生徒で編制する学級	40人
	2の学年の生徒で編制する学級	8人
	特別支援学級	8人

（2）経営

経営を考える場合、個々の学級だけを考えるだけではなく、学級経営が学年経営そして学校経営という中で位置付いていることを十分意識することが大切である。このために一般的には目標体系として下のように考える。

学校教育目標　→　指標（子ども像）→　本年度の重点目標
→　学校経営方針　→　本年度の努力点　→　学年経営
→　学級経営

即ち、学校経営があり、それを受けて学年経営があり、さらにそれを受けて学級経営という、縦軸的見方（縦軸的目標体系）である。

また、担任教師の配置も1学級1人であることがほとんどであるが、2人かそれ以上となることもある。この場合は、正担任教師と副担任教師の位置付けがなされるので、正担任教師が中心になり、複数担任教師の共通理解の上に経営していくことになる。

（3）学級経営

学級目標は学校の教育目標を念頭に置いて、学級の子どもたちの願い、希望を十分に取り入れつつ、担任教師の教育観を反映させていくものである。学級目標設定に当たっては、児童生徒の発達の段階に合わせて適切に行っていく必要がある。

小学校児童の発達の段階を知るには、平成20年8月「文部科学省　小学校学習指導要領解説　特別活動編　第3章　第1節　4　（1）」に記載されている表9-2が参考になる。

小学校は、一般的に1、2年生の低学年、3、4年生の中学年、5、6年生の高学年に分け発達段階に考慮しながら学級活動（特別活動における）と学級経営を関連付けて展開していくことが大切になる。（表9-2が、話し合い活動、係活動、集会活動と分類されているのは、特別活動においての内容のためである。）

また、一般的な学級集団の発達として、小学校低学年では、親や教師の権威

表9-2　発達の段階に即した指導の目安

形態	話合い活動	係活動	集会活動
低学年	仲良く助け合い学級生活を楽しくする		
低学年	・教師が進行等の役割を受け持つことから始め、少しずつ児童がその役割を担うことができるようにしていく。 ・友達の意見をよく聞いたり、自分の意見を言えるようにしたりして、学級生活を楽しくするための集団決定をすることができるようにする。	・当番的な活動から始め、少しずつ創意工夫できる係の活動を見付けられるようにする。 ・少人数で構成された係で仲良く助け合って活動し、学級生活を楽しくすることができるようにする。	・入門期には教師が主として楽しい集会活動を多く経験できるようにする。 ・児童が集会の内容を選し、簡単な役割や準備みんなで分担して、誰でも仲良く集会活動をしむことができるようする。
中学年	協力し合って楽しい学級生活をつくる		
中学年	・教師の適切な指導の下に児童が活動計画を作成し、進行等の役割を輪番で受け持ち、より多くの児童が司会等の役割を果たすことができるようにする。 ・異なる考えなどについてもしっかりと聞いたり、理由を明確にして意見を言えるようにしたりして、楽しい学級生活をつくるために、折り合いを付けて集団決定ができるようにする。	・様々な活動を整理統合して児童の創意工夫が生かせるような係活動として組織できるようにし、協力し合って楽しい学級生活がつくれるようにする。 ・朝や帰りの時間などを生かして、積極的に取り組めるようにする。	・集会活動の経験を生し、ねらいを明確にして創意工夫を加え、より様な集会活動に取り組るようにする。 ・計画や運営、準備などおける役割を、より多の児童が分担し、協力合って楽しい集会活動つくることができるよにする。
高学年	信頼し支え合って楽しく豊かな学級や学校の生活をつくる		
高学年	・教師の助言を受けながら、児童自身が活動計画を作成し、進行等の役割を輪番で受け持ち、話合いの方法などを工夫して運営することができるようにする。 ・学級のみならず学校生活にまで目を向け、自分の言葉で建設的な意見を述べ合えるようにし、多様な意見のよさを生かして、楽しい学級や学校の生活をつくるためのよりよい集団決定ができるようにする。	・自分のよさを積極的に生かせる係に所属し、継続的に活動できるようにする。 ・高学年としてふさわしい創意工夫のできる活動に重点化するなどして、信頼し支え合って、楽しく豊かな学級や学校の生活をつくることができるようにする。	・児童会活動やクラブ活の経験を生かして、学生活を楽しく豊かにするための活動に取り組めようにする。 ・話合い活動によって、いのよさを生かしたり反省を生かしたりして信頼し支え合って創意夫のある集会活動をつることができるように る。

に依存する段階であることから、児童相互より、個々人と担任教師の結びつき
が強いこと。小学校中学年では、児童相互の結びつきが強まり、リーダーが出
現することから、集団や同性間の結びつきに気を配る必要があること。小学校
高学年では、学級全体として共通の目標を共有できるようになり、より「自分
の学級」感が強まること。中学生では、集団における自分や友達の目を意識す
るようになることから、集団や仲間を意識した指導に心がけること。高校生で
は、仲間規範に、親や教師規範も意識した行動ができるようになり、さらに地
域社会を想定した働きかけが大切になること。などの特徴を理解しておく必要
がある。

2　学級経営計画

　学級経営は、学級目標の設定から始まる。児童生徒と担任教師が共によりよ
い学級集団を作っていくための目標である。この目標をもとに、学級経営の方
針、努力点、具体策を決めていくことになる。以下、縦軸的目標体系に沿った
学級経営計画の具体例を示す。学校教育目標は「強い子ども」「考える子ども」
「明るい子ども」「働く子ども」の4つからなる小学校という想定での学級経営
計画である。

（1）　学級目標の決め方

　学級目標を決める場合は、学級集団や学年としての発達段階、児童個々の実
態、担任教師の教育観、保護者の希望等を十分に考慮しながら、学年目標、学
校教育目標の縦軸的目標体系の中で決めていくことになる。
　学級目標は4月当初のできるだけ早い時期に決める。決めるまでに、担任教
師の教育観を折に触れ、児童生徒に話していくようにする。実際の決め方は、
学級活動・ホームルーム等の時間を使い、児童生徒の話し合い活動によるが、
集団の発達段階を考慮して、担任教師が適切な指導をしていくことが必要であ
る。掲示することを考えれば、児童にとって分かりやすくする。例えば、漢字
表現などは、その学年で学ぶ漢字までを使うような配慮も大切である。

（2） 学級経営計画の例

以下に、小学校の低学年、中学年の学級経営計画を載せておく。

これらの経営計画は、あくまでも学級目標の達成に向けての経営計画であ

表9-3　第2学年1組　学級経営計画

学年目標	学級目標	学級経営の方針
さいごまでがんばる 子ども	さいごまであきらめずに がんばろう	◎目あてをもって、最後まで取り組ませ、達成するために、最後までやり通す意志を育てる。 ◎自分の健康を考え、健康で安全な生活が身につくように指導・支援する。
よく聞いて、はっき り話せる子ども	はなしをよくきき、 はっきりはなそう	◎話す人を見て最後まで聞き、自分の考えをはっきり話そうとする態度を育てる。 ◎基本的な学習態度を身に付けさせ、学力の向上を図る。
きまりをまもり だれとでもなかよく する子ども	きまりをまもって、 ともだちと なかよくしよう	◎自分や友達の良いところを互いに認め合い、助け合う大切さに気付かせる。 ◎基本的な生活習慣を身に付けさせる。 ◎家庭に理解と協力を得るようにする。
すすんではたらく 子ども	じぶんからすすんで しごとをしよう	◎仕事の目的や内容を明確にし、係活動や当番活動に自分から、責任を持って取り組めるようにする。 ◎自分でやるべきことは、自分でやる態度を育成する。

る。実際の学級経営では、学級担任の仕事として文書作成等の事務も入ってくる。例えば、指導要録、健康診断票、出席簿等の公簿や児童生徒指導の記録、通知表等がある。

努力点	具体策
○目あてをもって、何事にも最後までやり通せるようにする。	・目あての確認や振り返りを徹底し、意欲や目標をもって最後まで取り組み、達成感を味わわせる。
○分かる授業を心がける。	・ねらいを明確にし、ワークシートや板書を工夫して、最後まで意欲を持たせ、わかる喜びを感じることができるようにし、一人一人の頑張りを認める。
○体力や、やり抜くための気力を育めるようにする。	・体育の時間だけではなく、業間に縄跳びカードなどを利用し、体力の向上や目標達成に働きかける。
○安全な生活や登下校についての意識付け、給食指導による食育の推進を図れるようにする。	・登下校の決まりを守るように指導する。　・給食指導により、好き嫌いせずに食べることや朝ごはんの大切さに気付けるようにする。
○話す人の目を見ながら、話を最後まで聞き、よく考えて自分の考えをはっきり話せるようにする。 ○言語活動の充実を図る。	・発表の時の話型を掲示物などで視覚化するとともに、話し方・聞き方の態度について、繰り返し指導する。 ・日直による1分間スピーチ、ペア学習やグループ学習により自分の意見を発表できる場を設定する。
○基礎的・基本的な学習内容の定着を図る。	・漢字練習や計算練習を朝の学習、宿題等で継続的に行い定着を図る。
○学習態度を定着させる。	・次の授業の準備をしてから、行動することを徹底する。
○読書をすることを習慣化させる。	・朝の読書や家庭での読書で記録カードを用いる。
○家庭と連携し、一貫性を持たせる。	・家庭での学習に理解と協力を得る。
○一人一人のよさを認め合い、楽しく居心地の良い望ましい学級づくりに努める。	・帰りの会で「親切さん」を発表し合い、毎日互いに認め合える場の設定をする。 ・週に1回昼休みに全員で遊び、仲を深めるようにする。
○挨拶や返事が元気にできるようにする。	・笑顔であいさつすること、「ありがとう・ごめんね」を素直に言うことの大切さに気付けるようにする。
○物事の善悪に気付けるようにする。 ○道徳教育を充実する。	・自分がされて嫌なことや周りの人に迷惑をかけることはしないことを徹底し、できているときには褒める。 ・道徳に時間での教材を実生活と関連あるものにする。
○連絡帳や学級だよりなど家庭との連絡を密にし、連携・協力を図る。	・基本的な生活習慣について気を付けてほしいことなどを連絡し、保護者の理解と協力を得る。
○自分の係や当番の仕事に自分から進んで取り組めるようにする。	・係や当番の仕事を明確にし、褒めたり認め合ったりすることで、進んで仕事をすることの喜びを感じられるようにする。
○同じ係や当番の友達と協力して、やるべき仕事をしっかりできるようにする。	・仲間と仕事を分担し、協力しながら、一人一人が仕事を責任もって行えるようにする。
○自分の仕事や自分でやるべきことを自分から進んでできるようにする。	・その時々で自分がまず何をすれば良いか、優先順位を考えて行動するように促す。

表9-4　第4学年1組　学級経営計画

学年目標	学級目標	学級経営の方針
健康で、最後までがんばる子ども	最後まであきらめないでがんばる。	◇児童自身の健康な生活について関心をもち、体力の向上を図る。 ◇何事にも最後まで一生懸命取り組む、「我慢強さ・忍耐力」をつけさせ、成就感を味わわせるよう支援・指導する。
よく聞きよく考え、進んで発表する子ども	話をよく聞き進んで発表する。	◇確かな学力を育むことを目指して学習指導を行う。 ◇自分の考えを持ち、相手の話をきちんと聞きながら、進んで発表する態度を育成する。
誰とでも仲良くし、協力する子ども	みんななかよし助けあい。	◇相手の気持ちになって考え発言・行動し、協力して生活できるよう支援する。 ◇生活指導を通して、元気であかるいあいさつや返事、礼儀などの基本的な生活習慣を身につけさせる。
進んでみんなのために働く子ども	一生けん命！かがやけ4年生！	◇中学年としての自覚を持たせ、あらゆる活動において積極的に取り組み、下級生のお手本となれるよう支援する。

努力点	具体策
○児童自身の健康・安全について関心を高めさせる。	▶体育科「保健」領域の指導と関連付けながら、日常的に給食指導及び食育指導、安全に関しての指導を行う。
○児童の体力向上と最後までやり遂げる忍耐力をつけさせる。	▶教科体育において体力を高める運動を継続的に取り入れる。また、休み時間には教師も児童と一緒になって外や体育館で体を動かして遊ぶ。
	▶各授業において、ねらいや目標が明確な授業を心がけ、授業終わりに振り返りの時間を設けることで、児童が達成感を感じることができるようにする。
○主体的に学習に取り組む態度を定着させる。	▶児童の主体的学習態度を育てるために、自主学習を継続的に行う。家庭学習における反復学習を継続的に行い、基礎的・基本的な学習内容の定着を図る。
○各教科において言語活動を効果的に取り入れ、思考力・判断力・表現力を養わせる。	▶自分の意見を明確に持たせ、ペア活動やグループ活動を効果的に取り入れ、友達と考えを深めていく時間を大切にし、メタ認知能力の向上を図る。
○進んで読書に親しみながら、感性を高めたり考えを広げたりすることができるようにする。	▶読書カードの使用や、お気に入り図書紹介の場を設け、進んで読書に取り組む態度を育て、読書の楽しさに気づくことができるようにする。
○学校に行きたいと思えるような、楽しく居心地の良い学級づくりに努める。	▶学級活動での話し合いやレクリエーション等を通して、仲間の良さや個性を認め合える機会を大切にする。
	▶帰りの会において、今日あった「ありがとう」の発表を行い、クラス全体で共有する。
○道徳教育の充実を図り、人権感覚の育成に努める。	▶道徳の時間を大切にし、毎時間児童がこれまでの自分自身を振り返る時間を設ける。
○明るく元気なあいさつや返事ができるようにする。	▶教師自らが笑顔で明るいあいさつを心がけ、指導を行う。また、良いあいさつや返事ができた場合は賞賛する。
○家庭への情報提供や連携を充実させる。	▶学級だよりを定期的に発行し、連絡帳を活用する。
○中学年としての自覚を持たせるような指導に努める。	▶日頃から中学年として相応しい行動やふるまいができるような声かけをする。また、そのような行動ができた時には賞賛する。
○与えられた係や当番を、責任をもって最後まで取り組むようにする。	▶一人一人の仕事や役割を明確にし、それらに対する目標を立てさせ、みんなのために主体的に働くことへの意欲を高める。清掃活動では教師が模範となって指導する。

3 学習指導要領等にみる学級経営

(1) 学習指導要領における学級経営

学習指導要領における「学級経営」の文言の記載について「第1章　総則」の部分を見ていく。学級経営の大切さが近年とみに増していることが分かる。

①小学校
○平成10年告示の学習指導要領
「第5　指導計画の作成等に当たって配慮すべき事項」
「(3) 日ごろから学級経営の充実を図り、教師と児童の信頼関係及び児童相互の好ましい人間関係を育てるとともに児童理解を深め、生徒指導の充実を図ること。」とある。この年度の学習指導要領から「学級経営」の語句が出てくる。これ以前である平成元年度告示の学習指導要領からは、「第4　指導計画の作成等に当たって配慮すべき事項　(3) 教師と児童及び児童相互の好ましい人間関係を育てるとともに児童理解を深め、生徒指導の充実を図ること。」とあり、学級経営に関わる内容であるが直接的な「学級経営」の語句は出てこない。
○平成20年告示の学習指導要領
「第4　指導計画の作成等に当たって配慮すべき事項」の「以上のほか、次の事項に配慮するものとする。」の部分に
「(3)　日ごろから学級経営の充実を図り、教師と児童の信頼関係及び児童相互の好ましい人間関係を育てるとともに児童理解を深め、生徒指導の充実を図ること。」とある。
○平成29年告示の学習指導要領
「第4 児童の発達の支援」
「1 児童の発達を支える指導の充実　教育課程の編成及び実施に当たっては、次の事項に配慮するものとする。」の部分に
「(1) 学習や生活の基盤として、教師と児童との信頼関係及び児童相互のよ

りよい人間関係を育てるため、日頃から学級経営の充実を図ること。また、主
に集団の場面で必要な指導や援助を行うガイダンスと、個々の児童の多様な実
態を踏まえ、一人一人が抱える課題に個別に対応した指導を行うカウンセリン
グの双方により、児童の発達を支援すること。あわせて、小学校の低学年、中
学年、高学年の学年の時期の特長を生かした指導の工夫を行うこと。

　(2) 児童が、自己の存在感を実感しながら、よりよい人間関係を形成し、有
意義で充実した学校生活を送る中で、現在及び将来における自己実現を図って
いくことができるよう、児童理解を深め、学習指導と関連付けながら生徒指導
の充実を図ること。」とある。

②中学校
〇平成29年3月告示の学習指導要領
「第4　生徒の発達の支援」
「1　生徒の発達を支える指導の充実　教育課程の編成及び実施に当たって
は、次の事項に配慮するものとする。」の部分に
「(1) 学習や生活の基盤として、教師と生徒との信頼関係及び生徒相互のよ
りよい人間関係を育てるため、日頃から学級経営の充実を図ること。」とある。

　中学校では、この学習指導要領から直接的な「学級経営」の語句が登場す
る。
　なお、平成21年3月告示の高等学校学習指導要領の総則部分には「ホーム
ルーム活動」が特別活動としてあるが、学級経営としての「ホームルーム」の
文言はない。

（2）生徒指導提要における学級経営

「第6章 生徒指導の進め方、I児童生徒全体への指導、第4節 学級担任・
ホームルーム担任の指導、1 生徒指導における学級担任・ホームルーム担任
の立場、2 生徒指導の基盤としての学級経営・ホームルーム経営、3 学級経
営・ホームルーム経営と生徒指導の進め方、4 開かれた学級経営・ホームルー

ム経営の推進」の部分に、学級経営と生徒指導の関係が明確に示されている。学級経営の具体的な仕事に生徒指導があり、その遂行に当たっては、児童生徒理解の必要性や集団の人間関係づくりが大切であることが示されている。さらに、第1章　第4節　2のコラムには

　「学業指導」の取組
　「集団の中で学ぶ」という学校教育の特質を生かして、児童生徒一人一人を成長させるという視点に立って、それぞれの学級を「学びに向かう集団」に高めながら、児童生徒一人一人が自らの力で様々な不適応を解消し意欲的に学習活動に取り組めるように指導・援助していく「学業指導」という考え方がある。
　　学業指導では、帰属意識の高い学級づくりやお互いを高め合うことができる学級づくりなどの「学びに向かう集団づくり」と、児童生徒に自信を持たせるような授業やコミュニケーションの力をはぐくむ授業の実現などの「児童生徒が意欲的に取り組む授業づくり」の両者の関連を図りながら指導・援助を充実させていく取組が行われている。

とある。この学業指導の取組は、学級経営を進める上での生活づくりと学習指導、授業づくりそのものである。

4　学級経営の進め方

　学級計画の実行の仕方により、大きく成果が分かれてくるので、その手順・内容についてしっかりと理解しておくことが大切である。

（1）学級の形成
　学級を時系列的な完成の段階を追って、教師のどのような指導の工夫を経て、よりよい完成したものになっていくのか。下にその時系列での学級経営の進み方を示す。

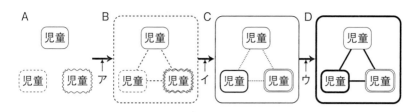

図9-1　学級経営の進行、発展の様子

　図9-1を基に、時系列での進行、発展の状況（A→B→C→D）とそのための指導の工夫（ア、イ、ウ）を示していく。（児童は生徒と読み替えてもよい。）

A：学級が形成されようとしている段階

　児童生徒にしてみれば、4月の春休みの段階であり不安と期待が混じっている時期。教師側も自分がどの学年のどの学級を担任するか明確でない時期。しかし、教師側には年度当初の職員会議で、児童生徒が知る前に校務分掌として学年、組、児童生徒名が知れている。

B：学級が発表され、それぞれの担任教師の下に学級が形作られる段階

　児童生徒は新学期が始まり、始業式、入学式が終わり所属の学級集団がわかった段階。児童生徒が学級という一定の編成になるが、児童生徒間の関係はまだ形作られていない。そのため、学級という組織のまとまりが弱い段階でもある。

　児童生徒側にすれば、新しい学年になり、希望や喜びに満ちている。別な言い方をすれば、児童生徒は、担任に期待し、よい関係を結びたいと考えている段階。その新鮮な時期に、しっかりとした学級経営の素地を作るべく、学級担任の教育観を児童生徒に指導することになる。最初の3日間が大切な時期となる。早い時期に、学級目標を決めていくことが大切である。

C：学級経営が軌道に乗っている段階

　学級目標が児童生徒に浸透しつつあり、児童生徒間の人間関係も形成されつ

つある。学級という組織がはっきり見えてきた段階。年度が始まって3か月経った頃か。この期間が学級経営にとって大切な時間となり、後のD段階に進めるかどうかがかかっている。

D：学級目標が達成され、目標とする学級ができた段階

児童生徒間に強い絆ができ、学級という組織が強固になった段階。12月末の時期には達したい。1月からは、自由闊達な活動の中において、学級目標のより高い達成が得られる期間にしたい。また、時として、担任の予想外のよりよい児童生徒の育成の成果が見られることもある。

もちろん、これは自分の学級さえよければよいという訳でなく、児童生徒を学級、学年という文字に置き換えたとき、学年経営、学校経営と読み替えることができることを念頭に置かなければならない。

（2）学級経営の指導の工夫

小学校は、学級担任が原則各教科領域を指導し、中学校・高等学校では、教科担任制をとっている。この違いから、自ずと指導の工夫の違いも生まれてくる。小学校では、多くの場合、学級担任の裁量で経営が進むが、教科担任制である中学校・高等学校では学級担任と教科担任が連携協力して学級経営を行うことが望ましい。そのために、学級担任は教科担任にも学級目標の達成の協力を仰いだり、教科担任は学級経営に協力していく必要がある。

アの指導の工夫

学級目標を設定したら、教室に掲示したり、学級だより等を使って周知することが大切である。毎日の生活で、児童生徒、学級担任、教科担任等が意識するために、教室正面に掲示することは効果的である。また、学級担任として、児童生徒の登校前に教室環境である換気、机の並びの曲がり等を確認することや、放課後児童生徒がいなくなった教室で、落ちているごみ、掲示物、机やロッカーの整頓状況等を確認して正しておくことも大切である。

同時に、規範意識の高い学級を目指すこと。集団生活や対人関係におけるルールが児童生徒に共有され、当たり前のこととして定着している学級になっていくことが大切である。小学校低学年などでは、話し方のルール、言葉遣い

から指導する必要がある。登校時の挨拶や朝の会での出席確認を呼名により行うことは人間関係が深まる。清掃や給食時は指導のチャンスが多く存在する。

　また、授業展開においては、児童生徒一人一人の実態に配慮した授業づくりに留意する必要がある。児童生徒の様々な能力、適性に応じて、学習上の不適応状態を予防する手立てが実践されている授業が大切である。児童生徒に自信を持たせる授業を行うことが必要である。「できた」「分かった」という喜びや達成感が味わえる授業である。よい人間関係に発展させるために、児童生徒一人一人が活躍できる場が設定されており、よいところを認め、褒め、励ます教師の意図的な働きかけが大切である。特に、発達の段階に応じて、選択の場面を設定し自己決定させ、成功体験を積ませることに留意する必要がある。これは教科の授業ばかりでなく、特別活動である学校行事や児童・生徒会活動等においても同様である。早い段階での取組が必要で、4月中にはこれらを始めたい。

イの指導の工夫

　5、6月頃は、児童生徒一人一人が学級に所属感や連帯感を感じることができる居心地のよい学級に向かわせることが大切である。児童生徒が学級担任の指導の下に自らの集団の一員であることに誇りを持ち、学級集団に役立っていたり、必要とされていることに喜びを感じさせる努力をする。学級の歌や学級旗を作ることは効果的である。

ウの指導の工夫

　互いに高め合える学級にすることである。児童生徒に、建設的な相互作用があると、それぞれの個性や能力を発揮しながら生活し、互いにモデルにしたり切磋琢磨したりして、意欲的に諸活動に取り組んでくる。それがさらに進むと、学級内の生活や活動に自治が確立し、集団としてより高い目標に向けて児童生徒一人一人が主体的に貢献してDの段階にいける。

　授業では、コミュニケーション能力を育む展開が充実していくように、協同で学ぶ「学びあい」のある授業展開を多くの場で意図的に作ることが大切である。学びあいの中で、児童生徒たちは自分の考えを分かりやすく相手に伝えようとするとともに、相手の思いや考えを理解し尊重しようとする。この繰り返

しの機会を多くとることにより、コミュニケーション能力が育まれ、主体的・対話的な深い学びを身に付け、レベルの高い学級経営が達成されていく。

（3）学級経営と学業指導

学級経営は、集団づくりであり、この場合、「学びに向かう集団づくり」と捉えることができる。また、学校の教育を考えると、いわゆる授業の時間が学級集団として多くの時間になっている。確かな学力の育成のためには、教師は「わかる授業」の確立に努めなければならない。その努力の先には、子どもたちが教師の教えに対して意欲的に授業に取り組む態度が期待できるし、そうしていくことが、学級集団がよりよくなることにつながる。「子どもが意欲的に取り組む授業づくり」により学級経営が確かなものになってくるのである。

この「学びに向かう集団づくり」と「子どもが意欲的に取り組む授業づくり」は「学業指導」ということでまとめられる。学業指導を進めていくことが、児童生徒にとってよりよい学級経営となっていく。

①学びに向かう集団づくり

学校において、学びに向かう集団は学級ということになる。学級づくりの視点として「帰属意識の高い学級」「規範意識の高い学級」「互いに高め合える学級」の３点が大きな柱となる。

②子どもが意欲的に取り組む授業づくり

確かな学力の育成には、児童生徒（子ども）が「分かる授業」の確立を目指して教師の日々の授業改善が必要である。児童生徒（子ども）が意欲的に取り組む授業づくりのためには、「自信を持たせる授業」「コミュニケーション能力を育む授業」「一人一人の実態に配慮した授業」の３点が大きな柱となる。

おわりに

学級経営の評価は、学級経営計画の具体策一つ一つの状況を見ていくことが分かりやすいが、学級目標の達成状況としてA、B、C、Dの各段階の児童生徒の姿から判断したり、長期的にみて１年間での成長の様子から判断していく

ことが大切である。

　教師という職業は楽しく充実したものである。その多くの場は教室、学級である。教室に子どもたちがいて学級経営ができる。計画を4月当初に作成し、そのよりよい実現に向かって1年間努力していく。時には思いもかけないような素晴らしい成果がでたり、逆にいくら努力しても学級としての機能が弱い場合もある。大切なのは、子どもたちが必ず成長するという強い気持ちを持ち学び続ける教師の姿勢である。

〈参考図書〉

河村茂雄、『日本の学級集団と学級経営』、2010、図書文化

林　幸克、『学級経営』、2011、三恵社

栃木県教育委員会、「学業指導の充実に向けて」、2012

水沼　隆、『すべての子どもが輝く学級経営を目指して』、2017

文部省、『生徒指導資料第9集　中学校における学業指導に関する諸問題』1973

文部科学省、「小学校学習指導要領」1989年告示

文部科学省、「小学校学習指導要領」1998年告示

文部科学省、「小学校学習指導要領」2008年告示

文部科学省、「小学校学習指導要領解説　特別活動編」2008年版

文部科学省、「小学校学習指導要領」2017年告示

文部科学省、「中学校学習指導要領」1998年告示

文部科学省、「中学校学習指導要領」2008年告示

文部科学省、「中学校学習指導要領」2017年告示

文部科学省、「高等学校学習指導要領」2009年告示

文部科学省、「生徒指導提要」、2010、中央図書

第10章

管理職としての教師

はじめに

　本書を読んでいる皆さんは、将来校長や教頭、副校長といった、いわゆる「管理職」に就きたいと考えたことはあるだろうか。教職希望者に将来の夢を聞けば、「子どもと一緒になって活動できる教師になりたい」、「わかりやすい授業ができる教師になりたい」との答えが返ってきたとしても、「校長になりたい」という答えはなかなか返ってこないことが多いだろう。一児童生徒だった頃を振り返れば、管理職とかかわりあう機会は決して多くない。しかしながら、教職に就いた場合のキャリアを考えた際、管理職に就くことはそれほど特異なことではない。というのも、管理職に就く道筋は、教師としての長年の経験の延長線上に位置付いているからである。そこで本稿では、教師としての経験を積む中で管理職に就くことの意義について考えていきたい。なお本稿では、校長、教頭、副校長のことを管理職と記すこととする。

1　管理職を規定する法制度

（1）管理職の配置と役割

　学校教育法第37条では「小学校には、校長、教頭、教諭、養護教諭及び事務職員を置かなければならない」とされている。これらの職員は必置職員と呼ばれている。この条文から、学校で一般的に児童生徒が接している「先生」は

143

教諭、そのほかに管理職と事務職員が必ず構成要因となっていると理解できる。

　一方、副校長については、第2項において、「前項に規定するもののほか、副校長、主幹教諭、指導教諭、栄養教諭その他必要な職員を置くことができる」とされているので、必ずしも学校に置かなければいけない職ではなく、教員の任命権を持つ都道府県教育委員会の判断によっている。

　それぞれの役割については、第4項で「校長は、校務をつかさどり、所属職

表10-1　校長の職務 [1]

	校長の職務（根拠となる法令等）
基本事項	校務をつかさどる（学教法第37条）
教育課程 （カリキュラム）	教育課程の編成、年間指導計画の策定等、教育委員会への届出（学習指導要領総則等）
	学習帳など補助教材の選定、教育委員会への届出、または教育委員会の承認（地教行法第33条、学校管理規則等）
児童・生徒の 取扱い	出席状況の把握（学教法施行令第19条等）
	課程の修了・卒業の認定（学教法施行規則第58条等）
	指導要録の作成（学教法施行規則第24条）
	児童・生徒の懲戒（学教法第11条、学教法施行規則第26条）
保健・安全	児童生徒の健康診断の実施（学校保健安全法第5条）
	伝染病防止のための出席停止（学校保健安全法第19条）
	非常変災時の臨時休業（学教法施行規則第63条）
教職員人事	教職員の採用、異動、懲戒に関する教育委員会への意見の申出（地教行法第39条）
	校内人事、校務分掌の決定、教職員の服務監督、勤務時間の割振り、年休の承認等（学校管理規則等）
	勤務評定の実施（学校管理規則等）
	学校評議員の推薦（学教法施行規則第49条第3項）
予算	物品購入の決定（限度額、品目指定あり）（財務会計規則）
施設・設備	学校の施設・設備の管理（学校管理規則等）
	学校施設の目的外使用の許可（学校管理規則等）

員を監督する」、第 5 項で「副校長は、校長を助け、命を受けて校務をつかさどる」、第 7 項で「教頭は、校長（副校長を置く小学校にあつては、校長及び副校長）を助け、校務を整理し、及び必要に応じ児童の教育をつかさどる」とされている。特に、校長の職務の具体については、表を参照されたい。副校長は必置職員ではないものの、職務命令の系統としては、校長→副校長→教頭、となっている。

（2）管理職の資格

　管理職、特に校長・教頭の資格要件については、2000（平成 12）年 1 月の学校教育法施行規則改正前は、教員免許状及び教育に関する職に 10 年以上在職することが要件とされていた。しかし改正後は、教員免許状を有し 5 年以上教育に関する職に在職した者か、教育に関する職に 10 年以上在職した者、もしくは任命権者が校長として適していると判断する者であれば任用できることとなった。教頭の資格についても、校長の資格に準ずることとされている[1]。文部科学省は、この改正の趣旨について、以下のように述べている[2]。

　「教育に関する理念や識見を有し、地域や学校の状況・課題を的確に把握しながら、リーダーシップを発揮するとともに、職員の意欲を引き出し、関係機関等との連携・折衝を適切に行い、組織的・機動的な学校運営を行うことができる資質を持つ優れた人材を確保することが重要である。このため、教育に関する職の経験や組織運営に関する経験、能力に着目して、地域や学校の実情に応じ、幅広く人材を確保することができるよう、学校教育法施行規則（以下「省令」という。）における校長及び教頭の資格要件を緩和するものであること。」

　この資格要件の緩和によって、教員免許状を持たないいわゆる「民間人校長」の登用が可能となったが、2016（平成 28）年 4 月 1 日現在で、校長職 33,090 名のうち「民間人校長」は 140 名（0.4％）[3]であり、あくまで教師としての経験を持つ者が校長職に登用される状況である。

　また、副校長に関しては、2007 年 1 月に安倍晋三首相が提案・設置した教育再生会議による「社会総がかりで教育再生を〜公教育再生への第一歩〜第一

次報告」において、学校教育法の見直しが謳われたことにより、約半年後には学校教育法の改正案が国会で可決・成立 (4) し、新たに設けられた職位である。

（3）管理職の登用方法

　管理職登用の方法として、多くの都道府県教育委員会では管理職選考試験を実施している。各都道府県では、受験資格として、年齢や経験年数、職種経験の制限や、推薦者の要・不要をそれぞれ定めている (5)。これらの資格を満たす場合には、小論文や面接等の試験を受験し、合格すれば管理職として登用されることとなる。

　ただし、受験資格を満たしていればすぐに管理職選考試験を受験できるわけではない。受験に至るまでには、ある一定のキャリア・プロセスの存在が指摘されてきた (6)。最も一般的なのは、教員→各種主任等→教頭あるいは指導主事（社会教育主事等を含む）→校長、というプロセスである。そして、校長職に求められる要件として、①教員としての（長年の）経験、②教頭あるいは指導主事（社会教育主事等を含む）経験が必要とされる。このように、校長職に就くまでには長い時間がかかるために、在職期間が短くなり、結果として創造的な学校経営が行えないとの指摘もある (7)。さらに、自治体によっては、教員の年齢構成の影響から、管理職試験に合格したとしても、管理職としての職務に従事できない時代もあった。

　しかしながら、近年では、管理職試験の受験を忌避する現象がみられる。例えば東京都における2006年度から2008年度までの間の倍率を見てみると、A選考 (8) において2.1倍から1.3倍へ、B選考においては3.0倍から1.5倍へと低下している (9)。低下の要因について、管理職の中でも、副校長・教頭は激務であることや、職責に見合った処遇が得られない、校長昇任への保証がないことを指摘する声がある (10) ほか、そもそも学校管理職が魅力のある職とはなっていないことに原因を見出し、専門職としての職能改善の必要性を指摘する声もある (11)。

2　管理職としてのキャリア

　既述したように、現在管理職志願者が減少傾向にある要因の 1 つとして、管理職の職務に魅力がないことが挙げられるが、本当にそうであろうか。ここでは、管理職を含めた約 1,400 名の小・中学校教師のライフコースを分析した山崎（2002）の研究を参照し、管理職に従事した 2 名のキャリアを紹介する[(12)]。そして、管理職の魅力、教諭としての職務との関連について考えてみたい。

（1）F 教師のキャリア

　F 教師は、中学 3 年の 1 月、担任の教師に「教師になりたい」ともらしたことから担任教師などの支援や父親の快諾を得て、急きょ高校進学が決まった。国立大学の教育学部を卒業し、赴任したのは、全校生徒 90 名余り、教職員 5 名の中学校分校であった。1 年生 26 名の学級担任として、自らの専門教科の国語の他、社会、数学、体育も担当をした。昼休みは生徒と過ごし、この時の習慣はその後の F 教師の基本姿勢となった。翌年から、この学校は統合されることとなり、全校生徒 900 名近くの大規模校（B 校）に勤務することとなった。B 校ののちに隣町の C 校に勤務するが、いずれの学校でも同僚や先輩教師に恵まれ、研究授業などで自己の研鑽に努めた。この頃、F 教師は教師として中堅といわれる時期にあり、自らの視野を広げたいとこれまでの山間部ではなく、町場の D 校に異動しさらには、国立大学附属学校への赴任を言い渡されることとなる。

　附属学校での研究は難しく、「毎日家に帰るのが 10 ～ 11 時、教育実習生が来ている時期は 12 時を過ぎる」勤務となっていた。生徒の性質もそれまでとは異なったため、研究面では「分析の綿密さ、生徒の内面を見ることの大切さ」を感じ、「難しいが、意識のどこかにこのことをおいて授業をやっていくことが必要だと思った」。附属学校から、C 校に異動することとなった。C 校では、附属学校で獲得した授業や研究に関する力量が期待され、学年主任、教務主任、さらには県教育委員会からの指定研究の推進などの仕事を担った。

C校赴任から6年後、教頭としてF校に着任した。教頭職であるため、F教師は2つのストレスを抱え込んだという。1つは、担当授業が2学級分であるため、生徒と関わることができず、それまで基本理念としてきた「子どもの名前と個性を多く知る」ことが徹底できなくなってしまったことにある。2つには、教職員の人間関係の調整役にある。教育方針上の対立が目立つようになり、それを調整することに苦心した。

　こののち、教育事務所において特別支援 (13) 教育担当として学校訪問し指導する職務を遂行したが、ここでの経験はF教師にとって大きな転機となった。もともと専門的な知識等を持っているわけでもないのに、実践のあり方を指導しなければならず、当初は「ほんとうにつらい」ものであった。しかし、障害を有する児童生徒の成長・発達について理解していく中で、通常学級に関して気づきがうまれる。F教師は以下のように述べる (14)。

　　「一人ひとりの本当にささやかな進歩・成長を見過ごさないこと。例えばボールをここからここへ動かすだけでもその子にとっては進歩・成長と見ていくこと。その進歩・成長を使って次段階の指導をしていくこと。40人もいる中では、それがなかなか出来ない。通常の学級では、手を上げる優秀な子どもを中心に授業が展開していくことが主で、その中には手の上げない子、手を上げたいのだけれどもそれが出来ないでいる子、心の中で言いたいと思っている子がいる。つまずいている子、質問の意味がわからないままでいる子、雰囲気が悪いために言えない子など、色々な要因があって子どもは手を上げることができないでいるにもかかわらず、先生はそのことに気づかないで「あの子はわかっていない」「やる気がない」ということで手を上げない子を一括して見過ごしてしまう。そして手を上げた子を中心として授業を進めてしまう。（中略）中学校に戻って、先生たちが生徒を怒鳴ったり、正座させたりしているのを見ると非常につらい。」

　この発言から、特別支援教育担当の職務が、通常学級の授業に対しての問い直しを図り、それまでの子ども観、教育観に変化をもたらす契機となったと考

えることができる。

その後、校長としてC校に再び赴任し、それまで基本理念としてきた「子どもの名前と個性を多く知る」ことを大切にしながら実践に取り組んだ。校長としてであっても、「一人ひとりを見ていくと、ある日突然挨拶をしなくなった子に気づく、その原因を探っていくと心のどこかで悩みが生まれていたことがわかる、おせっかいかも知れないが、校長であっても私は子ども一人ひとりを知りたいと思う」と語った。

（2）J教師のキャリア

J教師は、教師だったいとこや、高校3年時の担任の勧めもあり、教育学部に進学した。新任で赴任したA校では、担任した子どもたちは個性を持っていて一律には指導できず苦戦することとなる。赴任後4年くらいたってから、「教職に慣れてきた」と感じるようになったという。授業では、生徒主体で行うことを増やし、生徒指導では家庭背景などから生徒の行動を理解するなど、生徒の立場を考えるようになったと自己認識している。ベテラン教師に子どもの指導方法などを相談し、助言を得られたことは大きな支えであったようである。A校の後には、地域の中心校や附属学校に赴任し授業研究に取り組んだ。

附属学校から移動したB校は、赴任前から荒れていたが、J教師はここで教務主任、進路指導主任に任じられることとなる。附属学校では研究に力を入れてきたのにもかかわらず、B校では「生徒に張り付いて指導する」日々を過ごし、苦労した。また、B校では教師をまとめることに苦労したという。教職員個々人の価値観が違うため、校長と相談をしながら対応を重ねた。

2年後にはC校に教頭職として赴任する。それまで中学校勤務であったが、C校は小学校であるので、校種の違いに戸惑ったようである。また、教頭職として教師たちの「服務がきちんと行われているか」見ること、また教頭として「校長をいかに補佐するか」に気を配った毎日であったため精神的に疲れると感じていた。その後、教育事務所の指導主事として職務を遂行することになった際には、「行政の仕事はこうあるべきだという自分の感情を含まずに、行政というのはこういう風にやるのだというのが辛かった」ものの、教育者とは異

なる厳しさが勉強にもなったという。

　３年後には、かつて勤務したＢ校に校長職として赴任し、その３年後にはＤ校に異動した。いずれの学校においても、教職員をよく見ること、よくコミュニケーションをとるよう心掛けている。

3　教諭の経験と管理職としての職務の関連

　以上、２人の教師のキャリアを例示した。２つの事例からは、役職や職位が変化することによって、教師の役割が変化し、苦戦していることが示されている。職務を遂行する中で苦戦すること自体は、教諭であっても管理職であっても生じることである。しかし、この２人の場合の苦戦は、自らが担任している子どもや学級に関しての教育活動から、学年や学校、あるいは地域全体を対象とした教育活動へと、その対象を変化させることによって生じていることに特徴がある。この特徴は、教諭が管理職に就くことの難しさといえるのである。一般的に、教師になりたいと考える者のほとんどは、子どもとの教育活動を想定している。しかしながら、２人の事例からも明らかな通り、管理職に就くと子どもに対する教育よりも、教師に対する指導の要素が職務になっていくのである。こうした役割の変化を、成長の機会としてとらえられる教師もいれば、自らのキャリアが行き詰まっていると感じる教師もいる。

　しかしながら、教諭時代から一貫して大切にしてきた理念（Ｆ教師ならば子ども一人一人を大切にしようとすること、Ｊ教師ならば教職員とのコミュニケーション）は、管理職として職務を遂行する際に少なからず影響を与えているとも考えられる。

　そもそも、管理職としての職務は、確かに児童生徒と直接かかわる時間は少なくなるものの、児童生徒の教育環境を整備する仕事であることを考えれば、児童生徒と関わりがないとは言えないのである。このように考えると、教師としてどのように児童生徒と向き合うのか、そのために同僚や地域とどのような関係を取り結んで行ったらよいのかを常に自分自身に問い続けることは、教師という仕事を遂行する上で意味あることだと言えるのではないだろうか。

おわりに

　本稿では、管理職に就く道筋は、教師としての長年の経験の延長線上に位置
付いていることから、主に 2 人のキャリアを検討しながら、教師としての経験
を積む中で管理職に就くことの意義について考えた。既述したように、管理職
志願者は減少傾向にある。そしてその要因の 1 つは管理職の職務と教諭の職務
がかけ離れて見えることにある。しかしながら、教師として問われること—ど
のように児童生徒と向き合うのか、そのために同僚や地域とどのような関係を
取り結んで行ったらよいのか—を追究することは、管理職にも教諭にも共通し
て重要であると考えられる。そうした意味で、管理職の仕事を理解し、自らの
キャリアを考えてみてほしい。

〈註〉
(1) 文部科学省、「学校教育法施行規則等の一部を改正する省令の施行について（通知）」
（最終閲覧2017年11月13日）http://www.mext.go.jp/b_menu/hakusho/nc/t20000121001/
t20000121001.html
(2) 文部科学省、上掲HP、（最終閲覧2017年11月13日）
(3) 文部科学省、「6-1　都道府県市別の教員出身でない者の校長数（平成28年4月1日現
在)」、『平成27年度公立学校教職員の人事行政状況調査』（最終閲覧2017年11月13日）
http://www.mext.go.jp/component/a_menu/education/detail/__icsFiles/afieldfi
le/2016/12/21/1380740_17.pdf
(4) 川口有美子、「『新たな職』をめぐる議論と実態に関する一考察—教育委員会の多様な
対応と課題に着目して—」、『学校経営研究』、第35巻、pp.36-37、2010、大塚学校経営
研究会
(5) 文部科学省、「5‐8〜11　管理職等選考試験等の受験資格」、『平成27年度公立学校
教職員の人事行政状況調査』（最終閲覧2017年11月13日）http://www.mext.go.jp/
component/a_menu/education/detail/__icsFiles/afieldfile/2016/12/21/1380740_15.pdf
(6) 小島弘道・北神正行・阿久津浩・浜田博文・柳澤良明・熊谷真子、「現代教育改革に
おける学校の自己革新と校長のリーダーシップに関する基礎的研究（その2）」、『筑波

大学教育学系論集』、第14巻1号、pp.29-66、1989、筑波大学教育学系

(7) 1998年に、中央教育審議会答申「今後の地方教育行政の在り方について」が発表され、この中では「校長が自らの教育理念に基づいて、特色ある教育活動を推進できるようにするため、校長の在職期間の長期化を図るなど人事異動の在り方を見直すこと」と明記されている。

(8) A選考の受験資格は、満44歳未満の者で、現に主幹教諭である者、現に指導教諭である者又は現に主任教諭（主任養護教諭を含む。）であり、主任教諭歴が2年以上ある者とされている。B選考の受験資格は、1）満39歳以上54歳未満の者で、現に主幹教諭又は指導教諭である者、2）満46歳以上54歳未満の者で、現に主任教諭（主任養護教諭を含む。）であり、主任教諭歴が2年以上ある者、とされている。なお、2016年度までは、満39歳以上54歳未満の主幹教諭（指導教諭）の職にある者とされていた。（東京都「平成29年度東京都公立学校教育管理職選考及び主任教諭選考の実施」最終閲覧2018年1月6日http://www.metro.tokyo.jp/tosei/hodohappyo/press/2017/04/27/02.html）

(9) 教育管理職等の任用・育成のあり方検討委員会、『これからの教育管理職等の任用・育成及び職のあり方について～教育管理職等の任用・育成のあり方検討委員会 最終報告～』、2008年7月

(10) 岩瀬正司、「校長、副校長・教頭職を魅力あるものにするために」、『教職研修』、p.27、2010年4月号、教育開発研究所
中原美絵子、「副校長の志望者不足が深刻」、『週刊東洋経済』、p.45、2017年9月16日号、東洋経済新報社

(11) 水本徳明、「『校長の専門職基準』と学校管理職の養成・選考・研修」、『教職研修』、pp.7-9、2010年4月号、教育開発研究所

(12) 山﨑準二、『教師のライフコース研究』、pp.95-99、pp.168-172、pp.138-140、pp.196-199、2002、創風社

(13) 原文では「特殊教育」とされているが、現在では特別支援教育と表記することが適切であると判断し、言い換えている。

(14) 山﨑準二、前掲書、pp.170-171

第11章

教師の職能成長と学び

はじめに

　教師は、教育公務員特例法（以下教特法）第21条「教育公務員は、その職責を遂行するために、絶えず研究と修養に努めなければならない」と定められており、常に学び続けることが職務となっている。2012（平成24）年には、中央教育審議会（以下、中教審）答申「教職生活の全体を通じた教員の資質能力の総合的な向上方策について」において、社会の急激な変化に伴う教育内容の刷新に応じて「学び続ける教員」像を提唱している。教師の職能成長については、後述する1970年代以降の研究成果を受け、研修が体系化されてきた。そこで本稿では、現在の研修体系について確認したうえで、教師の職能成長研究の系譜をたどり、今日求められる教師の学びについて検討する。

1　教員研修体系

（1）行政研修

　先に挙げた教特法第21条に定められている通り、教員は職責を遂行するために絶えず研究と修養に努めなければならない存在であり、教員には研修の機会が与えられなければならない。

　図11-1は、文部科学省が作成している教員研修の体系図である。国（独立行政法人教職員支援機構が実施）や都道府県教育委員会、市町村教育委員会等による短期・長期の研修などを「行政研修」という[1]。国レベルでの研修は、

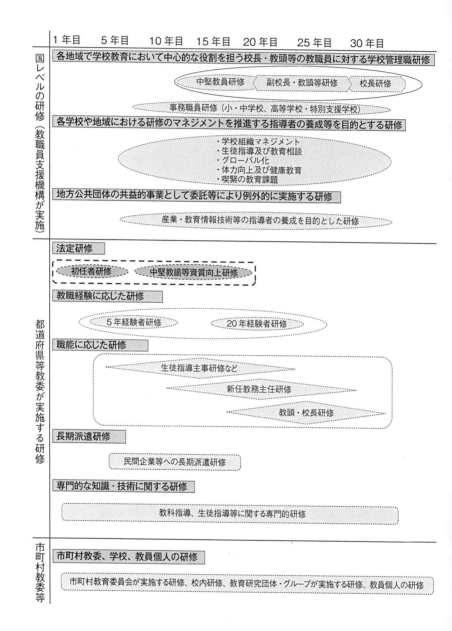

<table>
<tr><th></th><th>1年目　5年目　10年目　15年目　20年目　25年目　30年目</th></tr>
</table>

国レベルの研修（教職員支援機構が実施）

各地域で学校教育において中心的な役割を担う校長・教頭等の教職員に対する学校管理職研修

中堅教員研修　副校長・教頭等研修　校長研修

事務職員研修（小・中学校、高等学校・特別支援学校）

各学校や地域における研修のマネジメントを推進する指導者の養成等を目的とする研修

・学校組織マネジメント
・生徒指導及び教育相談
・グローバル化
・体力向上及び健康教育
・喫緊の教育課題

地方公共団体の共益的事業として委託等により例外的に実施する研修

産業・教育情報技術等の指導者の養成を目的とした研修

都道府県等教委が実施する研修

法定研修

初任者研修　中堅教諭等資質向上研修

教職経験に応じた研修

5年経験者研修　20年経験者研修

職能に応じた研修

生徒指導主事研修など

新任教務主任研修

教頭・校長研修

長期派遣研修

民間企業等への長期派遣研修

専門的な知識・技術に関する研修

教科指導、生徒指導等に関する専門的研修

市町村教委等

市町村教委、学校、教員個人の研修

市町村教育委員会が実施する研修、校内研修、教育研究団体・グループが実施する研修、教員個人の研修

図11-1　教員研修の実施体系⁽²⁾

職能に応じた研修であることもあり、都道府県教育委員会等の選考を経て派遣されるなど、教師個人が希望すれば参加できるとは限らない。一方、「初任者研修」や「中堅教諭等資質向上研修」は悉皆で行われる研修である(3)。これら行政研修は、いずれも教職経験に合わせて段階的に組まれている。

（2）校内での研修

　先に挙げた研修は、学校を離れて受けることが一般的である。それに対し、教師にとって最も身近なのは、校内研修や授業研究である。山﨑（2002）の研究は、教師たちが教育実践の質を高める上で最も意義があると感じているものは、学校全体での研究活動・研究体制、職場の雰囲気や人間関係、所属校での研修であることを明らかにしている(4)。

　「校内研修」の形態に関しては、学校内部において教師個人の力量形成を狙って行われてきたフォーマル、インフォーマルな研修活動も、学校改善を狙って行われる校内での研修活動も含まれている。さらに「校内研修」と類似した概念として、「校内研究」や「授業研究」という言葉があるが、実際には、研究的にも実践的にも、明確には区別されずに用いられている。これらの概念は、それほど明確に区別されて使われているとは言えない状況がある。いずれの言葉においても、最も重要な要素として「同一学校内の教職員による研修」という点に焦点化しつつ、研修の目的を教師個人の力量形成とともに学校課題を解決するねらいがあったと考えることができよう(5)。

2　教師の職能成長に関する研究の系譜

　1966（昭和41）年にILO（国際労働機関）・ユネスコ（国際連合教育科学文化機関）により、「教員の地位に関する勧告」が発表された。本勧告は、教職が専門職であることを述べており、その専門職性確立のための体制整備を促した(6)。こうした背景の中、1970年代から80年代を中心に取り組まれた、教師の職能成長に関する研究成果は、研修の体系化に影響を与えている。本稿では、当時の研究内容で大きく2つに大別し、以下で概観していく。第1に、教

師の力量の内容を明らかにしようとする研究である。第2に教師の職能成長の過程やその要因を明らかにしようとする研究である。

（1）教師の力量の内容を明らかにしようとする研究

たとえば、筑波大学教育学系内教師教育研究会（1983）は、教師の力量を、教科に関する学識、個別的子ども理解・把握力量などで構成される「基盤的能力」を土台として、子どもとの共同思考、同僚教員との協調力量で構成される「執務態度」を媒介にして立ち現れる、授業場面、学級経営場面、学校経営場面で構成される「教師行動」が存立する、とした。さらに「教師行動」は、常規的性格の強い力量と、高度な専門性が要求される力量とに分かれて構成している[7]。また、岸本・久高（1986）は、教授を進めていくうえでの力量として「教授的力量」、訓育活動を進めていくうえでの力量として「訓育的力量」、学校や学年・学級を経営していくうえでの力量として「経営的力量」をそれぞれ提示し、年齢や役職に応じながらも、教職の生涯を通じて獲得していくものであることを示した[8]。

これらの研究は、教師の力量というものがどのような内容によって構成されているのかを、教職の特性を加味しながら明らかにしようとしてきた。従って、力量の項目は特定の場面に限ることなく、網羅的な内容となっている。

だが、その後の力量に関する研究を管見していくと、「算数指導と学級経営の力量」[9]、「学習臨床的アプローチによる教師の実践力」[10]というように、教師の力量を網羅的に明らかにするというよりも、ある特定の場面で発揮される力量の具体を明らかにしようとする研究が多くなってくる。ある特定の場面とは、その多くが授業場面である。たとえば、「総合的な学習の時間を指導する」[11]力量をいかに養成するのか、体育や音楽を指導するためにどのような力量が必要とされるのか[12]などがあてはまる。また、オープン・スペースを設ける学校での職務遂行において、教師としての資質や学習指導の向上に影響を与えているのかを明らかにしようとする研究[13]もある。これらの研究は、教職の本質を授業の遂行にみて、その遂行に必要な力量を解明していこうとすることに特徴がある。同様の視点に立つ研究は、このような授業遂行に必要な

力量を「実践力」や「専門的力量」といった言葉で追究している。

　また、教職に就く以前の養成段階に着目した研究として、教師を養成していく際のカリキュラムを検討し、それらの特質を指摘している高木他（1982a、1982b）や、教育実習時に形成される教師としての力量に着目した研究（米沢 2008）がある[14]。

　ここまで見てきたように、研究がスタートした時点では、教師の力量の全体像に着目してきたが、次第に教師の職務を遂行するために必要な力量の解明をねらいとして研究が進められるようになる。そして、授業場面や各教科、教育実習時などに細分化していくことになった。このことは、教師の仕事を場面ごとに解明することにはつながるものの、各場面をつなぎ合わせ、教職生活全体を捉えるような長期的スパンで獲得されていく力量の解明としての教師の成長を明らかにすることにはならなかった。それはすなわち、子どもへの直接的な教授に関する力量のみに着目をしてきたと考えられる。

　だが、岸本・久高（1986）も指摘したように、教師の力量とは教授に関する力量に限定されるわけではなく、子ども理解が含まれた訓育指導的な力量、学級経営を含んだ経営的な力量といった力量も包括して、初めて教師の力量として考えることができるのではないか。

（2）教師の職能成長の過程やその要因を明らかにしようとする研究

　教師の職能成長の過程やその要因を明らかにしようとする研究は、教職の生涯発達を前提としながら、どのように力量が獲得されていくのかを明らかにしようとすることに特徴がある。その萌芽は、研修体系を確立していくために、教職生涯全体を明らかにしようとする、日本教育行政学会指導行政特別委員会（1982）の実証研究[15]に見ることができる。

　そのほかの研究では、力量について述べた養成段階に加え、教職経験年数ごとに必要とされる力量の具体的内容を明らかにし、それらの力量がどのように獲得されていくのかを明らかにしようとする研究が見られる。例えば、25歳以下の教師（「若い教師」）を対象とした研究は、小松他（1980）や、小島他（1981）、小島（1983、1987）、筑波大学教育学系内新任教師教育研究会（1981）

といった一連の研究がある(16)。これらの研究では、特定の年数ごとの力量形成の過程と要因を明らかにした。一方で、異なる年数との関連や他の役職に求められる力量との関係について焦点づけられることはなかった。

　この点に着目したのは、ライフコース法やライフヒストリー法といった研究方法を用いた研究である。これらの研究は、教職生活全体を通じた教師の職能成長を捉えようとする点で独創性を持っていた。例えば、日本教育学会教師教育に関する研究委員会（1983）の研究では、ライフコース法を用いて、教職生活や時代の影響を受けながら、教師は如何なる職能成長を遂げているのか、その要因は何であるのかを明らかにしている(17)。そこでは、93名の教師へのインタビューやアンケート調査から、それまで経験的に、低学年指導や障害児指導が教師の力量を高める上で必要だと指摘されてきた点について、それはいかなる変化なのか、また先輩教師や教師集団、管理職が与える影響とはいかなるものなのかをインタビュー調査より明らかにしている。

　その後、この委員会メンバーでもある稲垣他（1988）は、教師としての長期にわたる職能成長における力量とその形成過程に着目している(18)。そこでは、初任期において、学ぶ側から教える側への転換、背景がそれぞれ異なる子どもたちを対象にした実践での戸惑いや困難があり、優れた先輩や指導者と出会い、また研究会・読書会への参加で乗り越えていく姿が明らかにされている。また、10年間という時間軸で見ると、先の低学年指導を契機に自らの指導方針を見直す経験に加え、自らの教育実践課題の自覚化と、目的をもって赴任校を選び、そこでさらなる力量を形成していく経験が見られる。

　この研究をさらに発展させたといえるのが、同じく委員会のメンバーであった山﨑（2002）の研究である(19)。山﨑は、静岡大学教育学部卒業生のうち、卒業年度を基に約5年間隔で9つのコーホートを設定し、管理職を含めた約1,400名の小・中学校教師のライフコースを、教師が教職生活を経ていく中で生じていく「転機」に焦点を当てて考察している。そこでは、稲垣他（1988）が明らかにした学校を中心としての教師の成長が、基本的にはどの世代においても確認されている。山﨑はまず、教職の時期を「新任期」（教職1～9年目）、「中堅期」（教職10年目以降から年齢としては30歳代から40歳代中頃まで）、

「管理職期」とした。そのうえで、新任期を教師としてのアイデンティティの確立に注ぎ、中堅期においては新任期で見られたように教師としての価値観を変容させながら、同僚教師などの教職員集団との関係も構築していくようになり、管理職期では、「常に全校的立場で見る」などの意識的自覚を促され、責任の重さ、やりがいを自覚する姿が捉えられている。

　生涯を通じて力量を獲得することは、すでに自明のこととされていたものの、特にライフコースの研究は、教師は職場での経験はもちろんのこと、私生活（結婚、出産、育児、介護等）や時代の変化からの影響も受けて、職能成長を続けていることを調査により明らかにしたのである。

3　今日求められる教師の学び

（1）社会・子どもの変化と教師の成長

　知識基盤社会やグローバル化社会といわれる現代の中で、携帯電話はスマートフォンが主流となり、インターネットでの個人の情報公開はもちろん、SNSなどのコミュニケーションツールを使いこなして社会生活を送ることは、もはや当然のこととなっている。

　こうした変化は、大人に限られるわけではなく、内閣府が2017年1月に行った「低年齢層の子供のインターネット利用環境実態調査」[20]では、子どもが自分専用の携帯電話を所有する率は平均すると43.8％になり、小学校入学と同時に高くなっている。また、携帯ゲーム機や電話会社との契約が切れているスマートフォンなどを用いてインターネットを利用する子どもは77.5％にも上っており、子どもたちにとってインターネットは生活において当たり前のものになりつつあると考えられる。一方で、安易に利用することでトラブルになる、いじめの助長・温床となっているなどの問題も近年多数報告されている[21]。

　また、子どもが育つ環境に目を向ければ、家庭環境が多様化し、家庭の教育力の低下が生じているとも指摘される[22]。こうした家庭環境の問題は、自己肯定感の低下や子どもの貧困の問題と関連しており、子どもの育ちをどのように支えるのか、また学校はどのように在るべきなのかを考えるうえでも大きな

影響を与えている。

　このような社会や子どもの変化は、教師の専門性や職能成長に影響を与えている。冒頭で示した中教審答申が提唱した「学び続ける教員像」のほか、2015年12月には「チームとしての学校の在り方と今後の改善方策について（答申）」が出され、それまでは学校職員として位置付かなかった、スクールソーシャルワーカーや専門スタッフなどを配置し、さらなる教育的効果を上げていく必要性が述べられている。

（2）教師の力量としての柔軟性

　知識基盤社会である現代は、社会で当然とされてきたことが絶えず変化していく時代であると考えられる。教育においても、常に前提条件が変わっていき、「これが絶対だ」として教えることは難しくなっている。そうした時代において、教師に求められるのは柔軟性であるといえよう。柔軟性を持ちながら研修や日々の実践に取り組む中で、知識を刷新し教育活動に反映していく姿勢が重要であろう。

　この点に関連して、現代の子どもについては、自己肯定感の低さがよく指摘されるところである。例えば、2014年度の「子ども・若者白書」においては、自分自身に満足している者の割合は5割弱、自分には長所があると思っている者の割合は7割弱で、いずれも諸外国と比べて日本が最も低い。そのため、自己肯定感を育む取組が必要である。なかでもデジタル機器との付き合い方の中で問題が表面化することが多い。警視庁によると、「自画撮り被害」を、「だまされたり、脅かされたりして児童が自分の裸体を撮影させられた上、メール等で送らされる被害」と定義したうえで、これらの被害にあった子どもは、2016年度は480人であり、2012年の207人から毎年増加していることを明らかにしている。自画撮り被害の背景には、安易な考えで写真を送ってしまうということの他にも、承認欲求を満たしたいとの思いが強くあるとの指摘もある。デジタル機器の使用方法についての徹底はもちろんだが、家庭および学校での取組みを通じて、自己肯定感をしっかりと育むことが重要である。

　また近年、子どもの教育的ニーズが多様化している。発達障害等によって特

別な教育的支援を有する児童生徒が、各教室に6.5％程度在籍していること、経済的に厳しい家庭で育つ17歳以下の子どもの割合を示す「子どもの貧困率」は13.9％となっていること、そして男女のカテゴリーにあてはめることができない多様な性をもつ生徒が存在していることなどである。

　特別な教育的支援を有する児童生徒についても、多様な性を持つ児童生徒についても、これまでの暗黙の了解となっていた教育方法の見直しが必要になってくる。そのためには、教員が持つ固定概念を時代の変化とともに崩していけるか否かが問われることになる。特に、多様な性を持つ児童生徒に関する教育については、研修等で取り扱われることも少なく、文部科学省としても具体的な対応策については学校現場に任せる状況となっており、自らの積極的な情報収集が欠かせない状況といえる。

　上記したように、子どもは多様な変化を遂げているが、同様に保護者も変化してきている。ともに子どもを育てるとの視点に立ちながら、コミュニケーションを取ることが求められる。「モンスターペアレンツ」による「クレーム」といった状況に陥らないためには、人間関係を築くことが必要であろう。保護者も孤立無援の中で、情報の取捨選択に確信を持てず、不安な中で子育てをしていることも多い。そうした不安が過剰なクレームにつながる場合などもあるようである。教師は、保護者がどのような状況に置かれているのかを見極めながら、誠実に話をすることにより、信頼関係を築くよう心がける必要がある。しかしながら、自らの対応に自信がない場合などには、同僚教員や管理職に相談をし、適切な関係構築のために助言を求めるようにするとよいだろう。

おわりに

　以上見てきたように、1970年代から現代まで、教師の職能成長については研究が進められてきた。特に近年は、社会の変化とそれに伴う児童生徒の変化が著しく、教師はこうした変化に柔軟に対応しなければならなくなっている。かつてから言われてきたように、教師にとって長期的な発達の視点は基本にあるものの、短期的に子どもや社会が変化していくことを念頭に置きつつ、職務

に従事していくことが肝要であろう。

付記——本稿の一部は、拙稿「視点4　教師はどのように成長するのか—専門性の拡充と刷新」（佐藤博志編著『クリエイティブな教師になろう』、2018年、学文社）をベースにしている。

〈註〉

(1) 浜田博文、「研究からみえてくる教師としての力量形成のあり方」、臼井智美編、『イチからはじめる外国人の子どもの教育—指導に困ったときの実践ガイド—』、pp.188-194、2009、教育開発研究所

(2) 文部科学省、「教員研修の実施体系」（最終閲覧2017年1月8日）をもとに筆者が加筆修正を加えた。http://www.mext.go.jp/a_menu/shotou/kenshu/1244827.htm

(3) これらの年数以外にも、多くの教育委員会では、各学校種とも教職経験2年目、3年目、6年目、10年目～12年目（10年経験者研修含む）に教職経験者研修を実施している。（文部科学省「教職経験者研修実施状況（平成28年度）調査結果」（最終閲覧2017年11月11日 ）http://www.mext.go.jp/component/a_menu/education/detail/__icsFiles/afieldfile/2017/09/28/1396423_1.pdf）

(4) 山﨑準二、『教師のライフコース研究』、p.351、2002、創風社

(5) 吉田ちひろ、「第22章　学校づくりと校内研修」小島弘道編著『全訂版　学校教育の基礎知識』、pp.398-413、2015、協同出版

(6) 北神正行、「第2章　教職の歴史」、小島弘道・北神正行・水本徳明・平井貴美代・安藤知子、『教師の条件　改訂版』、p.36、2016、学文社

(7) 教師教育研究会、『教師の力量形成と研修システムの改善に関する実証的研究』、（1980~1982年度文部省科学研究費補助金一般研究（B）研究成果報告書）、1983、筑波大学教育学系内教師教育研究会

(8) 岸本幸次郎・久高喜行編『教師の力量形成』、pp.229-232、1986、ぎょうせい

(9) 水本徳明・吉田稔・安藤知子、「小学校教師の算数指導と学級経営の力量に関する実証的研究—算数指導及び学級経営に関する意識と実態を中心に—」、『筑波大学教育学系論集』、第25号第1巻、pp.49-70、2000、筑波大学教育学系

(10) 金崎鉄也、「学習臨床的アプローチによる教師の実践力に関する研究—学びを促す教師の発話分析と学習者の変容の分析から—」、『日本教師教育学会年報』、第13号、pp.105-119、2004、日本教師教育学会

(11) 下田好行、「総合的な学習を指導する実践的力量の養成の試み―単元構成力を養成する模擬授業を通して―」、『教育方法学研究』、第14集、pp.117-132、2001、教育方法研究会

(12) 高見仁志、「初等音楽教育における教師の実践的力量に関する研究―新人教師と熟練教師の教授行為の比較を中心として―」、『湊川短期大学紀要』、第42集、pp.15-24、2005、湊川短期大学

　　山口孝治、「体育授業における教師の力量形成に関する実践研究―若年教師の実践的知識の変容に着目して―」、『佛教大学教育学部論集』第22号、pp.153-170、2011、佛教大学教育学部

(13) 洪美里、「オープン・スペースの教師の職能成長にもたらす影響に関する意識調査―教師は、どのような実践を試み、何を学んできているのか―」、『日本教師教育学会年報』、第14号、pp.80-91、2005、日本教師教育学会

(14) 高木正太郎・堀内孜・水谷宗行、他、「教員養成教育を基礎とした教師の職能成長の在り方と問題点：本学出身若年教員に対する調査を通した実態分析（その1）」、『京都教育大學紀要A　人文・社会』第60号、pp.1-10、1982年（a）、京都教育大学

　　高木正太郎・堀内孜・水谷宗行、他、「教員養成教育を基礎とした教師の職能成長の在り方と問題点：本学出身若年教員に対する調査を通した実態分析（その2）」、『京都教育大學紀要A　人文・社会』、第60号、pp.11-30、1982年（b）、京都教育大学

　　米沢崇、「実習生の力量形成に関する一考察―実習校指導教員の指導的かかわりとの関連を中心に―」、『日本教師教育学会年報』、第17号、pp.94-104、2008、日本教師教育学会

(15) 日本教育行政学会教育指導行政特別委員会編、『教職の質的向上と教育指導行政に関する総合的研究』、（1980～1982年度文部省科学研究費補助金総合研究（A）研究成果報告書）、1982年

(16) 小松郁夫・北神正行・篠原清昭・丸山義王・小島弘道、「新任期教員の指導力育成と教育行政の責任に関する研究」、『学校経営研究』、第5巻、pp.10-77、1980、大塚学校経営研究会

　　小島弘道、「『若い教師』における力量形成の独自性に関する研究―研修に関する意識調査をとおして―」、『筑波大学教育学系論集』、第7巻、pp.17-48、1983、筑波大学教育学系

　　小島弘道・永井聖二・天笠茂、「若い教師の研修需要に関する実証的研究―25歳以下教師群の意識調査の分析をとおして―」、『筑波大学教育学系論集』、第5巻、pp.71-110、1981、筑波大学教育学系

　　小島弘道、『若い教師の力量形成』、1987、エイデル研究所

　　筑波大学教育学系内新任教師教育研究会、「新任教師教育に関する基礎的研究」、『文部省科学研究費補助金・特定研究報告書』、1981年

(17) 日本教育学会教師教育に関する研究委員会、『教師教育の課題―すぐれた教師を育てるために―』、1983、明治図書出版

(18) 稲垣忠彦・寺崎昌男・松平信久、『教師のライフコース―昭和史を教師として生きて―』、1988、東京大学出版会

(19) 山﨑、前掲書

(20) 内閣府、「低年齢層の子供のインターネット利用環境実態調査」(最終閲覧2017年6月13日) http://www8.cao.go.jp/youth/youth-harm/chousa/net-jittai_child.html

(21) 例えば、朝日新聞2017年4月24日版、「『既読スルー』『裏グループ』　追い詰められた女子生徒」(最終閲覧2017年7月20日) などが挙げられる。(http://www.asahi.com/articles/ASK4F65CKK4FUUPI008.html)

(22) 例えば鍋田恭孝、「養育能力格差社会の光と影」、『児童心理』、pp.26-32、2017年8月号臨時増刊、金子書房

第12章

教員研修の意義と制度上の位置付け

はじめに

　社会の急激な変化により、教育的な課題も多様化・複雑化している現状において、教員には新たな指導内容についての理解や指導方法を身に付けていくことが求められている。さらに、近年では、教員の大量退職・大量採用の影響により、学校内における年齢構成の不均衡が生じており、従来の先輩教員から若手教員への指導技術の伝承を図っていくことがむずかしい状況が生じている。こうしたことから、教員の資質能力の向上を継続的に図っていくためには、教育課程・教育方法の改革や新たな教育課題への対応を図ることのできる研修体制の構築が必要である。また、児童生徒は、教員の豊かな人間性、生き方に感化されながら、学びを深め成長していく。学び続ける教員の姿は、教員への信頼につながるものであり、このような姿勢を示していくことは、教育としても重要な意味を持つと考える。

1　法令と教員研修

　学校の教員は、子どもたちの人格の完成を目指し、その資質の向上を促すという重要な職責を担っている高度専門職であることを踏まえ、研究と修養について、教育基本法に次のように示されている。

【教育基本法】
(教員)
第9条　法律に定める学校の教員は、自己の崇高な使命を深く自覚し、絶えず研究と修養に励み、その職責の遂行に努めなければならない。
2　前項の教員については、その使命と職責の重要性にかんがみ、その身分は尊重され、待遇の適正が期せられるとともに、養成と研修の充実が図られなければならない。

　また、地方公務員である公立小中高等学校の教員には、研修について、「地方公務員法」において次のように定められている。これに基づき、地方公務員である公立小中学校の教員の研修は、任命権者である各都道府県教育委員会又は指定都市教育委員会が企画、実施をしている。

【地方公務員法】
(研修)
第39条　職員には、その勤務能率の発揮及び増進のために、研修を受ける機会が与えられなければならない。
2　前項の研修は、任命権者が行うものとする。

　加えて教員には、「教育を通じて国民全体に奉仕する教育公務員の職務とその責任の特殊性に基づき（教育公務員特例法第1条）」、以下のように特例が定められており、「その職責を遂行するために、絶えず研究と修養に努めなければならない」とされている。

【教育公務員特例法】
(研修)
第21条　教育公務員は、その職責を遂行するために、絶えず研究と修養に努めなければならない。
2　教育公務員の研修実施者は、教育公務員（公立の小学校等の校長及び教員（臨時的に任用された者その他の政令で定める者を除く。以下この章において同じ。）を除く。）の研修について、それに要する施設、研修を奨励するための方途その他研修に関する計画を樹立し、その実施に努めなければならない。

（研修の機会）

第22条　教育公務員には、研修を受ける機会が与えられなければならない。

2　教員は、授業に支障のない限り、本属長の承認を受けて、勤務場所を離れて研修を行うことができる。

3　教育公務員は、任命権者の定めるところにより、現職のままで、長期にわたる研修を受けることができる。

　教育公務員特例法には、第23条に「初任者研修」、第24条には「中堅教諭等資質向上研修」など、法令により研修が定められている。「初任者研修」については、採用の日から1年間の研修となることから、第3節の中で具体的に取り上げていく。

（初任者研修）

第23条　公立の小学校等の教諭等の研修実施者は、当該教諭等（臨時的に任用された者その他の政令で指定する者を除く。）に対して、その採用（中略）の日から一年間の教諭又は保育教諭の職務の遂行に必要な事項に関する実践的な研修（以下「初任者研修」という。）を実施しなければならない。

2　指導助言者は、初任者研修を受ける者（次項において「初任者」という。）の所属する学校の副校長、教頭、主幹教諭（養護又は栄養の指導及び管理をつかさどる主幹教諭を除く。）、指導教諭、教諭、主幹保育教諭、指導保育教諭、保育教諭又は講師のうちから、指導教員を命じるものとする。

3　指導教員は、初任者に対して教諭又は保育教諭の職務の遂行に必要な事項について指導及び助言を行うものとする。

（中堅教諭等資質向上研修）

第24条　公立の小学校等の教諭等（臨時的に任用された者その他の政令で定める者を除く。以下この項において同じ。）の研修実施者は、当該教諭等に対して、個々の能力、適性等に応じて、公立の小学校等における教育に関し相当の経験を有し、その教育活動その他の学校運営の円滑かつ効果的な実施において中核的な役割を果たすことが期待される中堅教諭等としての職務を遂行する上で必要とされる資質の向上を図るために必要な事項に関する研修（以下「中堅教諭等資質向上研修」という。）を実施しなければならない。

2　指導助言者は、中堅教諭等資質向上研修を実施するに当たり、中堅教諭等資質向上研修を受ける者の能力、適性等について評価を行い、その結果に基づき、当該者ごとに中堅教諭等資質向上研修に関する計画書を作成しなければならない。

2　教員の資質能力の向上

（1）教員研修機関における研修（校外研修）

　都道府県においては、教育関係者の資質の向上を図るため、教育研修センターを設置し、初任者研修をはじめ様々な現職研修を体系化して実施している。

　例えば以下の「茨城県教育研修センターが行う研修」では、研修を大きく「基本研修」「専門研修」「特別研修」の３つに体系化し、経験年数、職能、担当教科等を踏まえた研修を実施し、教職員としての専門的資質能力の向上を図っている。

　これらの研修における受講形態には、「基本研修」にある「若手教員研修」「６年次研修」などのように、該当する年次の教員のすべてが受講する「悉皆(しっかい)研修」、「教職研修」にある「教育課題に対応するためのリーダー研修」「いじめ対応」「情報モラル・情報セキュリティ」のような「推薦研修」、さらに、「算数科授業力向上」「我が国の伝統音楽」「イングリッシュ・サマー・セミナー」のような「希望研修」がある。教員としては、自己の資質能力の向上のため、経験年数や教科、勤務校の研究テーマ、校内での役割などを踏まえ、希望研修講座の活用も積極的に考えていきたいものである。

（2）校内研修

　「教員は学校で育つ」ものであり、教員の資質能力を向上させるためには、前述のような、経験年数や職能、専門教科ごとに行われる校外研修の体系的な実施とともに、学校内において同僚の教員とともに支え合いながらOJTを通じて日常的に学び合う校内研修、個々の教員が自ら課題を持って自律的、主体的に行う研修(2)が必要である。

1　研修に関する事業
(1)　研修体系

※義務教育学校前期課程は「小学校」，義務教育学校後期課程は「中学校」にそれぞれ含まれる。
※中等教育学校前期課程は「中学校」，中等教育学校後期課程は「高等学校」にそれぞれ含まれる。

教 職 員 の 資 質 能 力 の 向 上 を 目 指 す 研 修 体 系

教職員としてのキャリアステージに即して，必要な研修のできる機会を確保するとともに，国や県の動向を踏まえ，必要とされる研修を長期的展望に立って体系化し，実施する。

基 本 研 修　（33講座）

若手教員研修 （講座番号 1〜12）	新採研修 （講座番号 13〜17）	6 年次研修 （講座番号 18〜25）	中堅教諭等資質向上研修 （講座番号 26〜33）
◎採用1年次から3年次の教員に対して，実践的な指導力と使命感を養うとともに，幅広い知見を得させる。	◎新規採用教職員研修に，実践的な指導力と使命感を養うとともに，幅広い知見を得させる。	◎全般的な教育活動の在り方について再認識するとともに，自己の課題を明確にし，その解決に資する。	◎広い視野から教育実践上の様々な課題を究明することにより，中堅教員としての指導力の向上を図る。
○初任者研修（小・中・高・特） ○2 年次研修（小・中・高・特） ○3 年次研修（小・中・高・特）	○新規採用養護教諭研修 ○新規採用栄養教諭研修 ○新規採用実習助手研修（高・特） ○新規採用寄宿舎指導員研修	○6 年次研修 （小・中・高・特・養・栄教・実・寄宿）	○中堅教諭等資質向上研修 （小・中・高・特・養・栄・実・寄宿）

専 門 研 修　（64講座）

教 職 研 修　（27講座）	職 務 研 修　（19講座）	教 科 研 修　（18講座）
推薦・悉皆研修（講座番号 39〜45）	**推薦・悉皆研修（講座番号 46〜64）**	**推 薦 研 修（講座番号 34〜38）**
◎教職全般に関する専門的資質能力の向上を図る。	◎各職務に関する専門的資質能力の向上を図る。	◎各教科に関する専門的資質能力の向上を図る。
○教育課題に対応するためのリーダー養成 ○栄養教諭 ○いじめ対応 ○新任特別支援学級・通級指導教室担当者 ○新任特別支援教育コーディネーター ○情報モラル・情報セキュリティ ○臨時的任用職員	○新任校長（小・中・高・特） ○新任教頭（小・中・高・特） ○新任教務主任（小・中・高・特） ○新任学年主任（小・中・高） ○新任生徒指導主事 ○新任進路指導主事（中・高・特） ○新任主幹主事 ○学校図書館担当教職員 ○特別支援学校寄宿舎指導員 ○新任特別支援学校部主事	○小学校理科問題解決の活動 ○情報科教育 ○産業教育（農業・工業・商業）
希 望 研 修（講座番号 78〜97）		**希 望 研 修（講座番号 65〜77）**
◎教職全般にわたるより専門的資質能力の向上と自主的研修の充実を図る。		◎各教科に関するより専門的資質能力の向上や自主的研修の充実を図る。
○水環境について考える　夏の環境教育 ○道徳教育 ○特別活動 ○学校組織マネジメント ○不登校対応 ○思春期の子どもと保護者に寄り添う教師のための 　ソーシャルスキル ○教育相談（初級・中級・上級） ○問題行動を未然防止！育てる教育相談 ○特別支援学級・通級指導教室担当者指導力向上 ○心理検査（WISC）の解釈と活用 ○発達障害等のある児童生徒への指導法 ○特別支援教育指導法（ICT活用） ○授業に役立つICT活用 ○校務に役立つICT活用（エクセル編） ○エクセルVBA ○ネットワーク ○分かる！できる！楽しい！プログラミング教育		○目的に応じて読む能力を高める国語科授業づくり ○地理情報を活用した社会・地理歴史・公民 ○算数科授業力向上 ○数学科授業力向上 ○先生だって理科が好き！夏の理科観察・実験 ○授業がもっと楽しくなる！音楽科基礎 ○我が国の伝統音楽 ○これからの図画工作・美術科 ○できるをいっぱいに！家庭科授業づくり ○みんなで創ろう「Technology」の授業 ○イングリッシュ・サマー・セミナーⅠ（小・中・特） ○イングリッシュ・サマー・セミナーⅡ（中・高・特） ○思考力・判断力・表現力を高める指導力向上

特 別 研 修

長 期 研 修〔内地留学〕 （3，6か月）	スキルアップ研修 （6か月）	指導改善研修 （1か年）
◎長期間の研修を通して，より広い視野に立った教員としての資質能力の向上を図る。	◎指導力に課題や不安のある教員に対して，受講者の課題に応じた月1回の専門的な研修を実施することにより，受講者の指導力の向上をねらいとする校内研修の充実に向けて支援する。	◎学習指導，生徒指導及び学級（ホームルーム）経営上の課題等について，児童生徒に対する指導力の向上を図る。

図12-1　教職員の資質能力の向上を目指す研修体系
出典:「平成29年度　事業概要　茨城県教育研修センター」[1]

実際、教員は、日々の授業実践を通して指導方法の工夫等、様々な見直しと改善を常に図っているものである。教材の提示の仕方はどうだったか、児童生徒への発問は簡潔で考えさせるものとなっていたか、児童生徒どうしの話し合い活動は学びを深めるものとなっていたかなど、１時間の授業を終えて振り返り反省することは数多い。校内研修の多くは、このような教員の職務の遂行において必要に迫られたものであり、教員個々の研究にとどめることなく、教員相互に、さらには学校全体で組織的に取り組むことで、教員一人一人の資質能力の向上に大きな効果をもたらすものである。

①校内研修の特質 (3)

・幼児児童生徒の特性や学校・地域の実態を踏まえた実践的な研修
・学校教育目標実現に向けた教育実践のための研修
・学校の教育課題解決に向けた組織的な研修
・日常の教育実践の中から生まれた課題の追究のための研修
・研修の成果を実践に反映させながら、検証的に研修を積む研修

②校内研修を充実させるための配慮事項 (4)

・全国学力・学習状況調査及び学力診断のためのテストに係る各学校の学校改善プランの見直しと活用を図り、継続的な検証改善サイクルを確立するように努めること（小・中学校）
・県教育研修センターが実施する「校内研修支援訪問事業」を積極的に活用すること
・学校や地域の具体的な教育課題に即した年間の研修計画を立て、教職員全員が主体的に参加できるように各自の役割を明確にするとともに、それぞれの特性を生かすようにすること
・様々な分野の専門性を有する外部講師を活用し、教職員の識見を高める校内研修をすること
・教育目標と幼児児童生徒の学力・体力や行動、生活態度等の実態を踏まえ、変容に視点をあてた研修であること
・理論研修と実践研修がバランスよく考慮された研修内容になっていること
・個々の教員の能力向上だけでなく、学校におけるチームワークを重視し、

全体的なレベルアップを図るという視点から校内研修の充実に努めること
・文部科学省や茨城県教育委員会等の刊行物・資料集等や教育研修機関等の
　Webページで公開されている資料等を有効に活用すること
・研修を適切に評価し、成果と課題を明確にし、絶えず工夫改善に努めるこ
　と

3　教員研修の実際

（1）初任者研修

教育公務員特例法第23条に規定された「初任者研修」の実施について、茨
城県教育委員会の研修計画 (5) を例に、以下に示していく。
　① 研修の実施区分

区　分	内　　　容
校内研修	初任者の所属校における指導教員等を中心とした指導体制の下に行う研修
校外研修	県教育委員会（各教育事務所を含む。）及び市町村教育委員会が行う研修
宿泊研修	校外研修の一環として行う宿泊を伴う研修

　小・中学校及び義務教育学校における校内研修は、主として拠点校方式によ
り行うものとしている。

〔拠点校方式〕
初任者5人に1人の割合で指導に従事する指導教員を拠点校に配置し、当該指導教
員（以下「拠点校指導教員」という。）が、拠点校及びそれ以外の初任者配置校の
校内研修を担当するとともに、それぞれの初任者配置校内にもコーディネーター役
の指導教員（以下「校内指導教員」という。）を置いて校内研修を行う方式。

② 研修形態別研修日数（小中学校）

内　　　容		研修日数		備考
		小学校	中学校	
校内研修		年間240時間以上		週時程に位置付けて実施
校外研修	研修センター研修	15日	15日	校種別に実施
	教育事務所研修	1日	1日	特別支援学校における体験研修
	市町村研修	2日	2日	年度当初、夏季休業中各1回
	宿泊研修	（3日）	（3日）	（　）内数
	小計	18日	18日	

③ 研修内容等

区　　分		研修内容の概要
校内研修		①基礎的素養　②学級経営　③教科指導　④道徳 ⑤外国語活動（小学校）　⑥特別活動　⑦総合的な学習の時間 ⑧生徒指導　⑨情報教育等今日的な課題
校外研修	教育研修センターによる研修	①基礎的素養　②学級経営　③教科指導　④道徳 ⑤外国語活動（小学校）　⑥特別活動　⑦総合的な学習の時間 ⑧生徒指導　⑨情報教育等今日的な課題
	教育事務所研修	特別支援学校における体験研修
	市町村研修	市町村教育長講話、市町村の教育目標や現状、市町村の文化財、文化施設等の理解

④ 校外研修（研修講座）計画（小学校）

日	期日	研修内容
1	4月	開講式、初任者研修に臨むにあたって、教職員の服務と基本的心構え 校外研修の内容及び研修に参加するにあたって、メンタルトレーニング（アンガーマネジメント）、発達障害等のある児童生徒の理解と支援
2	4月	生徒指導の意義と進め方、教育相談の意義と進め方
3	5月	教職員のメンタルヘルス、教育課程の基準としての学習指導要領 小学校学習指導の基礎・基本と学習指導案の作成

4	5月	各教科（国語科、算数科、理科、音楽科、図画工作科、家庭科、体育科、社会科、生活科）の授業づくりの基礎・基本
5	6月	授業参観
6	6月	総合的な学習の時間の実際、外国語活動の実際
7	7月～8月（2泊3日）	学校事故防止のために、人権教育の推進、基本的な学級経営の進め方、ネイチャーゲーム
8		
9		特別活動の指導の進め方、学級活動（1）の指導の実際、生涯学習・社会教育とは、AEDを使用した心肺蘇生法
		問題行動の理解と対応、道徳の時間の基本的な進め方、道徳の時間の指導の実際、道徳の時間の授業づくり
10	8月	保護者との信頼関係づくりの進め方、私の生徒指導の実践　望ましい人間関係を育てるためのグループアプローチ
11	9月	各教科の研修
12	10月	特別支援学校における体験研修（県立特別支援学校協力校）
13	10月・11月	教育の情報化と情報モラル・情報セキュリティ、教育情報ネットワークの利用、学校におけるICTの活用、授業におけるICT活用
14	11月	各教科の研修
15	1月	教師のためのソーシャルスキルトレーニング　私の生徒指導における課題
16		市町村研修1
17		市町村研修2
18	2月	キャリア教育とキャリア・カウンセリング、教科実践研究の進め方　1年間の研修の成果と次年度への課題、2年次研修に向けて

⑤　校内研修（拠点校方式）の例

回	月	日	曜	研修内容	指導者	時	指導形態
1	4	1	金	勤務の仕組み・教員の心構え	校長（校内）	1	口頭指導
2		4	月	本校の教育目標について	校長（校内）	1	口頭指導
3		5	火	年度当初の学級事務の進め方	教務主任（校内）	1	実務指導
4		8	金	給食指導の進め方	給食主任（校内）	1	実務指導

回	月	日	曜	研修内容	指導者	時	指導形態
5	4	11	月	教科指導の基礎技術・週案	指導教員（拠）	6	実務指導
6		15	金	家庭訪問の在り方	学年主任（校内）	1	実務指導
7		18	月	教科指導の基礎技術 児童の実態把握	指導教員（拠）	5 1	実務指導
8		22	金	保護者会の進め方	学年主任（校内）	1	実務指導
9		23	土	教科指導の基礎技術	指導教員（拠）	6	実務指導
10	5	2	月	教科指導の基礎技術ノート・資料活用	指導教員（拠）	6	実務指導
11		9	月	教科指導の基礎技術 校内研修への対応	指導教員（拠）	5 1	実務指導 口頭指導
12		12	木	体育・保健に関する指導	指導教員（拠）	5	実務指導
13		13	金	総合的な学習の時間のねらい	指導教員（校内）	1	実務指導
14		16	月	教科指導の基礎技術 学校教育と特別活動	指導教員（拠）	5 1	実務指導 口頭指導
15		20	金	教材研究の進め方	指導教員（校内）	1	実務指導
16		23	月	教科指導の基礎技術	指導教員（拠）	5	実務指導

（2）学校における校内研究の推進

　各学校においては、教職員全体で取り組む校内研究の推進により、若手からベテランまで、教員一人一人の資質能力の向上を着実に図りながら、それぞれの学校の課題解決を図る主体的な取組がなされている。ここでは、各学校における校内研修がどのように進められているか、研究内容、研究体制等に触れていく。

①　研究テーマの設定

　教員は、日々の授業に改善を図るため、絶えず教材研究に取り組んでいる。とはいえ、1時間でも満足できる授業ができたと胸を張って言える教員はおそらくいないのではないかと思う。そういう意味でも、一人一人の教員が自分の担当する授業に責任を持ち、その改善のために努力することは当然であるが、

さらに、教員の力量を高めるためには、教員相互が学び合うことのできる組織的な研究への取組が欠かせないものとなっている。組織的な研究推進に当たっては、次のような過程が大切になってくる。

＜児童生徒の実態把握＞

例えば、全国学力・学習状況調査などの実施により、それぞれの学校において、その校の児童生徒の実態を捉えることができる。

全国学力・学習状況調査の報告書（児童質問紙調査）[6] の中には、

・国語の授業で意見などを発表するとき、うまく伝わるように話の組立てを
　工夫していますか
・5 年生までに受けた授業で、自分の考えを発表する機会では、自分の考え
　がうまく伝わるよう、資料や文章、話の組立てなどを工夫して発表してい
　たと思いますか
・学級の友達との間で話し合う活動を通じて、自分の考えを深めたり、広げ
　たりすることができていると思いますか

など、数多くの質問項目に対する調査結果がまとめられており、経年変化をもとにした分析等を通して、全国の状況、都道府県の状況などと各学校の児童生徒の実態を比較することもできる。研究テーマの設定に当たっては、こうした調査結果を活用し、その校なりの課題を明らかにし、校内で共有することで、学校としての研究の必要性を理解できるようにしていくことも大切である。

＜保護者や地域の願い、社会の要請＞

学校においては、学校アンケートなど様々な機会を通して、保護者や地域の意見や要望を捉え、学校経営の改善に役立てている。学校として目指す児童生徒像を明らかにする上では、こうした保護者や地域の願いなどにも十分に配慮し、学校として取り組む研究の意義について、説明していくことも必要になってくる。教育活動の質を高めるための絶え間ない取組は、信頼ある学校づくりにとっても重要なものである。

＜教職員の学校課題に対する考え方＞

校内研究の主体は、教職員一人一人である。一人一人が、どのような課題意

識を持って日々の教育活動に当たっているかを踏まえ、研究テーマの設定や内容を話し合っていく過程を重視しなければならない。

「与えられる研修」ではなく、教員が主体的に取り組む研修とするためには、研究の成果が一人一人の教員にどのような形で還元できるのか、教員としての成長にどのようにつながるものとなるのかなどについて、十分な理解を得ていくことが大切である。

② 組織的な研究推進

校内の研究に組織的に取り組むことの効果としては、若手教員、中堅教員、ベテランといった様々な経験年数の教員同士の学び合いにより、研究の深まりが期待できるとともに、経験年数に応じた役割や責任の大きさなどが一層意識され、組織力の向上にもつながっていくものと考えられる。

特に、各学校においては、大量退職・大量採用により、若手教員、ミドルリーダーの育成が急務となっている。こうした課題の解決を図っていくためにも、様々な教員が関わり合いを深めながら研究を進めていけるよう、工夫され

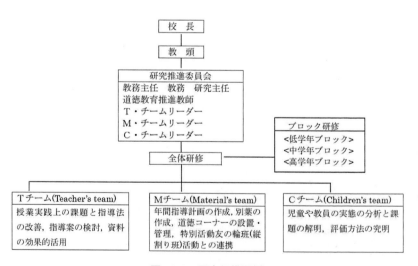

図12-2　研究組織図例
（出典：茨城県水戸市立三の丸小学校の研究組織を元に筆者作成）

た研究組織・研究体制を構築することが大切である。

　<研究組織（小学校：研究テーマ「道徳」の取組例）>

　図12-2の研究組織では、研究内容を３つの研究グループ（チーム）に振り分け、中堅教員が各グループのチームリーダーとしてそれぞれの研究をまとめている。また、学年ブロックの研修では、若手教員が先輩教員と一緒に指導案を作成し、授業を相互に見せ合うなどしながら、直接的なアドバイスを得る機会を設定することができる。

おわりに

　子どもの素朴な疑問に答えること、子どもの何気ないつぶやきを拾い、その子の学びへとつないでいくことは、そう簡単なことではない。教員は、子どもに向き合えば向き合うほど、自分の力不足に気づかされ、そのたびに専門性を磨くための研修の必要性を痛感するものである。教育公務員特例法の改正[7]により、国（文部科学大臣）は教員育成指標の策定をすること、任命権者は指標を参酌して教員育成指標を定めること、指標を踏まえ体系的かつ効果的に研修を実施するための計画を定めることなどが規定された。このように、教員の資質向上に係る仕組みが整備され、教員研修の充実が図られる中、やはり教員が大切にしなければならないのは、自らが学び続けることの重要性を理解し、その姿をもって子どもたちを教育していく存在であることへの自覚であろう。子どもたちの成長を担う教員の職責の重さを常に意識し、研修に臨みたいものである。

　平成29年告示学習指導要領においては、小学校において外国語が教科となり、小中学校の「道徳」は「特別の教科　道徳」として実施される。現在の小学校教員の多くは、大学における教員養成課程の中で、小学校での英語指導を想定した教科教育を受けているものではなく、新しく教科となった英語の授業に向けて英語力の向上、教科指導力の向上に必要な研修に取り組んでいるのが現状である。また、変化の激しい社会において、子どもたちの生活環境も大きく変化し、生活面や文化・教育面での課題も多様化している。それだけに、子

どもたちが安心して生活できる環境を整え、予測困難な未来を生きるために必要な力を身に付けることができるように、教員が何をするべきかを考え、自らの研修を工夫していかなければならない。教員自らが学び続ける姿勢を子どもたちに示していくこと自体が、大切な教育であり、教員の職務であることを改めて自覚しておきたい。

〈註〉

(1) 茨城県教育研修センター、「平成29年度事業概要」、p.2

(2) 中央教育審議会、「これからの学校教育を担う教員の資質能力の向上について〜学び合い、高め合う教員育成コミュニティの構築に向けて〜（答申）」、p.20、2009

(3) 茨城県教育委員会、「平成29年度学校教育指導方針」、p.34

(4) 同上

(5) 茨城県教育委員会、「平成29年度　若手教員研修の手引」、pp.13-14から一部抜粋

(6) 文部科学省、「平成29年度　全国学力・学習状況調査　報告書　一人一人の児童生徒の学力・学習状況に応じた学習指導の改善・充実に向けて（質問紙調査)」

(7) 教育公務員特例法の一部を改正する法律（平成28年11月28日法律第87号）

第13章

教員の服務上・職務上・身分上の義務と身分保障

はじめに

　教員は、直接児童生徒の教育に携わる者の総称である。教育基本法第9条に、「学校の教員は、自己の崇高な使命を深く自覚し、絶えず研修と修養に励み、その職責の遂行に努めなければならない。その使命と職責の重要性にかんがみ、その身分は尊重され、待遇の適正が期される。」（一部抜粋）とある。教員は、児童生徒を教育していく者として魅力ある優れた人間でなくてはならないし、教育の目的を実現していくために守らなければならない多くの義務が課せられている。このように教員には、自分自身を律していきながら厳しい職務を遂行していくことが求められていることから、確かな身分保障が与えられている。本章では、公立学校の教員について取り扱うこととする。

1　教員の身分

　教育職員は教育職員免許法の第2条によれば、主幹教諭・指導教諭・教諭・助教諭・養護教諭・養護助教諭・栄養教諭・講師等であり、教員という。
　公立学校教員は、「地方公務員法」（以下、地公法）による地方公務員であり、さらに、教職としての職務と責任の特殊性から、「教育公務員特例法」（以下、教特法）により、一般公務員とは異なる身分を有する。

さらに教員は、「地方教育行政の組織及び運営に関する法律」（以下、地教行法）により、市町村立学校の教員の身分は学校の設置者である市町村に属するが、その任命権者は都道府県教育委員会あるいは指定都市教育委員会になる。また、市町村立学校の教員の給与は都道府県が負担していることから（国が3分の1、都道府県が3分の2）県費負担教職員とされている。このように、教員の任命権者と服務監督権者が異なるのは、市町村の財政規模の格差などにより学校運営に必要な人員の確保に影響が現れないようにするとともに、人事交流においても広域的に行うためである。

教員の資格には、積極的要件と消極的要件がある。積極的要件とは備えるべき資格で、教育職員免許法第3条により、「教育職員は、この法律により授与する各相当の教員免許状を有する者でなければならない」と規定されている。また、消極的要件の規定である欠格条項については、学校教育法の第9条に、①成年被後見人又は被保佐人、②禁錮以上の刑に処せられた者（服役が終わっても教員になることはできない）、③教育職員免許法第10条第1項第2号または第3号に該当することにより免許状がその効力を失い、当該失効の日から3年を経過しない者、④教育職員免許法第11条第1項から第3項までの規定により免許状取上げの処分を受け、3年を経過しない者、⑤日本国憲法施行の日以後において、日本国憲法又はその下に成立した政府を暴力で破壊することを主張する政党やその他の団体を結成し、又はこれに加入した者、と規定されている。一般公務員より重い規定である。

2　教員の職務と服務

職務はその職名により異なるが、教諭は「児童生徒の教育をつかさどる。」となる（学校教育法第37条11項）。服務とは、「全体の奉仕者として公共の利益のために勤務し、且つ、職務の遂行に当たつては、全力を挙げてこれに専念しなければならない。」（地公法第30条）とある。この規定が服務の根本基準となる。

教員には、地方公務員として職務を遂行するに当たって服務を守る義務が課せられる。この服務上の義務は、職務上の義務と身分上の義務に分けられる。

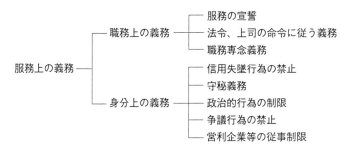

図13-1　服務上の義務

（1）教員の職務上の義務

　職務上の義務とは、教員が職務を遂行するに当たり守るべき義務のことであり、職務遂行内に適応される。次の3つがある。

　①　服務の宣誓（地公法第31条）　条例の定めるところにより、学校へ着任したときに校長に以下（例）のような宣誓をする。

　「私は、ここに、日本国憲法を尊重し、地方自治及び教育の本旨を体するとともに、個人の尊厳を重んじ、真理と正義を愛する人間を育成するために、誠実かつ公正に職務を遂行することを固く誓います。」

　②　法令、上司の命令に従う義務（地公法第32条）「職員は、その職務を遂行するに当たつて、法令、条例、地方公共団体の規則及び地方公共団体の機関の定める規程に従い、且つ、上司の職務上の命令に忠実に従わなければならない。」この場合の上司とは、教育委員会、校長、副校長、教頭をいう。

　③　職務専念義務（地公法第35条）「職員は、法律又は条例に特別の定がある場合を除く外、その勤務時間及び職務上の注意力のすべてをその職責遂行のために用い、当該地方公共団体がなすべき責を有する職務にのみ従事しなければならない。」ただし、休職、育児休業、休暇等職務専念義務が免除される場合もある。

（2）教員の身分上の義務

　身分上の義務とは、職務の内外を問わず、公務員として身分を有する限り遵守する義務のことである。私生活の場面にも適応される。

　①　信用失墜行為の禁止（地公法第33条）「職員は、その職の信用を傷つけ、又は職員の職全体の不名誉となるような行為をしてはならない。」とある。教員は、児童生徒に人格的影響を直接及ぼすことから、厳しい判断基準が要求されている。

　②　守秘義務（地公法第34条）「職員は、職務上知り得た秘密を漏らしてはならない。その職を退いた後も、また、同様とする。」とある。この場合の秘密とは、教員として知り得た情報等になる。例えば、児童生徒に関する成績、家庭状況、テストの点数、評価等、多くのことが挙げられる。

　③　政治的行為の制限（地公法第36条）「職員は、政党その他の政治的団体の結成に関与し、若しくはこれらの団体の役員となってはならず、又はこれらの団体の構成員となるように、若しくはならないように勧誘運動をしてはならない。」とある。教員の、政治的中立性の点から行為を考えることが必要である。また、この点に関しては、教特法第18条で特に厳しく制限され、国家公務員と同様に扱われている。

　④　争議行為等の禁止（地公法第37条）「職員は、地方公共団体の機関が代表する使用者としての住民に対して同盟罷業、怠業その他の争議行為をし、又は地方公共団体の機関の活動能率を低下させる怠業的行為をしてはならない。又、何人も、このような違法な行為を企て、又はその遂行を共謀し、そそのかし、若しくはあおつてはならない。」としている。特に、学校では教員の争議行為により児童生徒に人格形成上のマイナスの影響を与えることがあるので、十分遵守を自覚しなければならない。争議行為とはストライキやサボタージュのことを指す。

　⑤　営利企業等への従事制限（地公法第38条）「職員は、任命権者の許可を受けなければ、商業、工業又は金融業その他営利を目的とする私企業を営むことを目的とする会社その他の団体の役員その他人事委員会規則（人事委員会を置かない地方公共団体においては、地方公共団体の規則）で定める地位を兼

ね、若しくは自ら営利企業を営み、又は報酬を得ていかなる事業若しくは事務にも従事してはならない。」とある。教育公務員に関しては、その能力を広く社会に活用できるようにするため、任命権者が本務に支障がないと認めた場合には、教特法第17条により教育に関する他の職を兼ね、又は教育に関する他の事業若しくは事務に従事することができるとされている。

3　教員の勤務条件

　教員の勤務条件である勤務時間や休憩時間、年次休暇等について述べていく。

　勤務時間とは、職務専念義務が課せられている時間である。労働基準法でいう労働時間に該当する。1日の勤務時間は7時間45分である。職務と勤務態様の特殊性に基づいて一律4％の教職調整額が支給され、原則として時間外勤務は命じないこととされている。しかし、条例によりやむを得ない場合として、①生徒の実習に関する業務、②学校行事に関する業務、③職員会議に関する業務、④非常災害時に必要な業務に限って時間外勤務を命じることができるとされている。また、教員の心身の疲労を回復するために、1日の勤務時間外に、少なくとも45分の休憩時間を置かなければならないとされている。

　授業を行わない日を休業日という。勤務を要し（勤務日）、職務専念義務が発生する。夏季・冬季・春季の長期休業期間等がある。なお、休業日が週休日や休日の場合は勤務を要しない。週休日とは、勤務時間の割振りを行わない日であり、日曜日や土曜日となる。休日とは、「国民の祝日に関する法律」に規定されている休日や年末年始（12月29日から1月3日）である。勤務の割振りとは、①勤務日の特定、②勤務日における勤務を要する時間数の決定、③勤務日における勤務終了時刻の決定、④勤務日における休憩時間の配置等である。

　年次休暇は教員が希望する時季に理由を問われることなく使用できる有給休暇のことである。年間20日まで取得でき、未使用日数を翌年に最大20日まで繰り越すことができる。ただし、学校教育活動の正常な運営を妨げる場合には

取得時季が変更される（時季変更権）。

4　教員の身分保障と分限・懲戒

　公立学校の教員が、職務を遂行できなかったり、服務に違反したりすると法的な処分として、分限処分と懲戒処分が行われる。その違いについては、下記のようになる。(「教育法規便覧」2016（平成28）年　学陽書房　p.310より)

【分限処分】

・教員の道義的責任を問題にしない。

・公務の能率の維持向上の見地から行われるので、その事由について特に本人の故意又は過失によることを要しない。

・分限処分の事由としては、一定の期間にわたって継続している状態をとらえるとみられる。

【懲戒処分】

・教員の道義的責任を問題とする。

・教員の義務違反に対する制裁として行われるので、その行為が、本人の故意又は過失によることを要する。

・懲戒処分の事由としては、必ずしも継続した状況ではなく個々の行為又は状態をとらえるとみられる。

（1）教員の身分保障

　教員の身分は、前述した「教育基本法」第9条で明記されており、尊重され、待遇の適正が期される。法令等に規定されている事由以外にその意に反して不利益な処分を受けることがないように、公務員である教員には、身分保障の法的な規定が定められている。例えば、好き嫌いなどの感情論だけをもって処分されたり、意見の食い違い等で処分されたりはしない。

　身分保障は、争議行為の禁止の代償措置の1つとして位置付けられている。また、職員団体を結成しようとしたこと、または加入しようとしたことをもって不利益な取り扱いを受けることがないように規定している。

　地方公務員である教員が本人に対して不利益処分を受けたときは、不服申し立てができる。地公法第49条から第51条にかけて不利益処分に対する説明書の交付、人事委員会または公平委員会に審査請求、審査及び審査の結果執るべき処置が定められている。

　なお、地公法第29条の2により、教員として新規採用時点での条件附採用期間や臨時的任用教員は、不服申し立ての適用は除外されている。

（2）分限処分

　「分限」という言葉は、身分保障の限界を表している。児童生徒のために、日々努力している教員ではあっても、身分保障に限界があり、一定の事由が認められる場合には、教員の意に反して身分上の不利益を伴う処分が行われる。分限は、降任、免職、休職等の処分として行われるが、すべての職員に対して公正に行われなければならないとして、地公法第28条に定められている。

　「職員が、次の各号に掲げる場合のいずれかに該当するときは、その意に反して、これを降任し、又は免職することができる。

　一　人事評価又は勤務の状況を示す事実に照らして、勤務実績がよくない場合

　二　心身の故障のため、職務の遂行に支障があり、又はこれに堪えない場合

　三　前2号に規定する場合のほか、その職に必要な適格性を欠く場合

　四　職制若しくは定数の改廃又は予算の減少により廃職又は過員を生じた場合

2　職員が、左の各号の一に該当する場合においては、その意に反してこれを休職することができる。

　一　心身の故障のため、長期の休養を要する場合

　二　刑事事件に関し起訴された場合」

　このように、分限処分は客観的にやむを得ない事由により、その教員の意に反して身分上の変動をもたらす処分であり、義務違反や過失等に対するペナルティーとして行われる懲戒処分とは性格を異にしている。

（3）懲戒処分

　教員には、多くの義務が課せられているが、これらに違反した場合には公務員である教員の秩序を維持することを目的として当該教員に対して一定の制裁が加えられる。この措置を「懲戒」という。その処分は任命権者が行う。懲戒処分が行われる場合については、地公法第29条に定められている。

　「職員が次の各号の一に該当する場合においては、これに対し懲戒処分として戒告、減給、停職又は免職の処分をすることができる。

　　一　この法律若しくは第57条に規定する特例を定めた法律又はこれに基く
　　　　条例、地方公共団体の規則若しくは地方公共団体の機関の定める規程に違
　　　　反した場合
　　二　職務上の義務に違反し、又は職務を怠つた場合
　　三　全体の奉仕者たるにふさわしくない非行のあつた場合」

　懲戒処分には、軽い順から、戒告、減給、停職、免職の４つの種類がある。「戒告」とは、比較的軽微な職務義務違反に対してその将来を戒める申し渡しを行うことである。さらに軽いものに対しては、不利益処分とはならない「訓告」さらに軽いものに「厳重注意」などがあるがこれは服務監督権者が行う。「減給」とは、給料の一定額を一定期間にわたって減じて支給する処分である。一般に「減３」などというのは、減給３か月のことであり、減額率は１割が多い。「停職」とは、教員としての身分を保有させながら一定期間職務に従事させないことである。停職の手続きやその期間については、法律の特別の定めがある場合を除いて、地方自治体の条例で定めることになっている。一般に「停３」とは停職３か月のことであり、最大でも「停６」の場合が多い。「免職」とは、教育公務員としての身分を一方的に剥奪する最も重い不利益処分である。この場合、退職手当および退職年金の一部あるいは全部が支給されない。そして、教員免許状も失効することになる。

　教員の主な非行に対する処分の基準については、教員の任命権者である教育委員会により、処分の基準や懲戒処分のあり方がそれぞれ決められている。この基準をあらかじめ作成して公表することにより、懲戒処分が恣意的に行われることを防ぎ、任命権者と被処分者の両面から処分の妥当性を検討することが

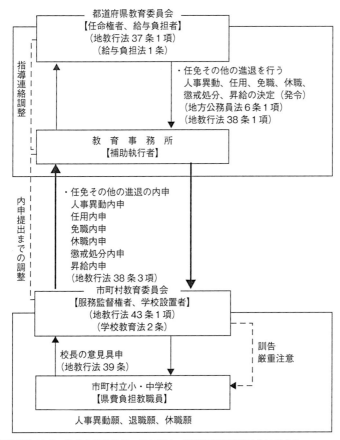

※地教行法37条：県費負担教職員の任命権は、都道府県教育委員会に属する。

※地教行法38条：都道府県教育委員会は、市町村教育委員会の内申をまつて、県費負担教職員の任
　免その他の進退を行うものとする。

・県費負担教職員の同一市町村内の転任については、市町村教育委員会の内申に基づき、都道府県
　教育委員会が行うものとした。

(平成19年7月31日付「地教行法の一部を改正する法律について（通知)」より)

※地教行法39条：校長は、所属の県費負担教職員の任免その他の進退に関する意見を市町村教育委
　員会に申し出ることができる。

※地教行法逐次解説等から

・「都道府県教育委員会が市町村教育委員会の内申をまたずに任命権を行使することは許されない。
　内申は尊重しなければならないが、内申どおりに任命権を行使するかどうかの判断は、任命権者
　が行う。」

・「県費負担教職員は市町村の設置する学校に勤務し、市町村の行う教育事務に従事するものである
　から、市町村教育委員会の立場が尊重され、その意向が人事上も十分反映される必要があり、内
　申制度はそのための一つの方法として法が規定したものである。」

図13-2　処分決定等の流れ

できるだけでなく、非行行為に対する警告となり不祥事への抑制効果（不祥事防止効果）を期待することになる。

（4）処分の決定までの流れ

分限処分、懲戒処分、さらに不利益を伴わない訓告や厳重注意は、都道府県等教育委員会の任命権者と市町村等教育委員会の服務監督権者の間でどのような経過で決定するのか、図13-2を参照してもらいたい。

市町村立の小・中学校では校長が管理下の教員の処分について、意見具申を行うことができる。これは地教行法第39条による。この場合の意見具申とは、校長の所属教職員の進退に関する意見の申し出である。

この意見具申に至るまでに、当該教員の行った非行行為について、校長は詳細な事故報告書を作成し、行為の全容解明をしなければならない。また、処分者は非行行為者と校長に対して事故調査を行い、事故報告書の内容に関して、確認していくことになる。服務監督権者である市町村教育委員会は、任命権者である都道府県教育委員会等に意見を「内申」という形で提出する。任命権者は、内申を待って処分を決定する。

（5）懲戒処分の基準と公表基準

実際の懲戒処分の基準について、標準的である「栃木県教職員懲戒処分の基準」について参照していくことにする。

第1　基本事項

本基準は、本県の懲戒処分の標準的な処分量定を代表的な事例について定めたものであり、栃木県教育委員会の事務局及び学校以外の教育機関に勤務する職員、県立学校に勤務する教職員並びに市町村立学校に勤務する県費負担教職員（以下「教職員」という。）に適用するものである。

具体的な量定の決定に当たっては、
① 非違行為の動機、態様及び結果の程度
② 故意又は過失の程度
③ 非違行為を行った教職員の職責の程度

④ 児童生徒、保護者、他の教職員及び地域社会に与えた影響の程度
⑤ 過去の非違行為歴等のほか、適宜、日頃の勤務態度や非違行為後の対応等も含め総合的に考慮の上判断するものとする。したがって、個別の事案の内容によっては、事例に掲げる量定以外とすることもあり得る。
　特に、次の場合は、処分量定を加重する。
① 管理職にある者が非違行為を行った場合
② 所属長への非違行為の報告義務を怠り、又は隠ぺいした場合
③ 非違行為の重複や累積がある場合
　なお、事例として掲げられていない非違行為についても、懲戒処分の対象となり得るものであり、これらについては事例に掲げる取扱いを参考としつつ判断するものとする。

　とある。非行行為を行った教員は、即刻管理職へ報告するとともに、二度と起こさないという強い決意が必要である。
　個々具体的な事例として比較的処分が多く見られるものを抜粋する。

1　一般服務関係
(10) 個人情報の紛失等　児童生徒等に係る重要な個人情報を、重大な過失により紛失若しくは流出し、又は盗難に遭った教職員は、減給又は戒告とする。
(12) セクシャル・ハラスメント（他の者を不快にさせる職場における性的な言動及び他の教職員を不快にさせる職場外における性的な言動）等
　ア　相手の意に反することを認識の上で、わいせつな言辞、性的な内容の電話、性的な内容の手紙・電子メール等の送付、身体的接触、つきまとい等の性的な言動（以下「わいせつな言辞等の性的な言動」という。）を繰り返した教職員は、停職又は減給とする。この場合において、わいせつな言辞等の性的な言動を執拗に繰り返したことにより相手が強度の心的ストレスの重積による精神疾患に罹患したときは、当該教職員は免職又は停職とする。
　イ　相手の意に反することを認識の上で、わいせつな言辞等の性的な言動を行った教職員は、減給又は戒告とする。
　ウ　暴行若しくは脅迫を用いてわいせつな行為をし、又は職務上の立場を利用して強いて性的関係を結び若しくはわいせつな行為をした教職員は、免職又は停職とする。

2　公の財産取扱い関係

　(2) 紛失　公金等を紛失した教職員は、戒告とする。

　(3) 盗難　重大な過失により公金等の盗難に遭った教職員は、戒告とする。

3　倫理関係

　(4) 供応接待　利害関係者から供応接待を受け、又は遊技、ゴルフ若しくは旅行に要する費用を利害関係者が負担して当該利害関係者と共に遊技、ゴルフ若しくは旅行をした教職員は停職、減給又は戒告とする。

4　公務外非行関係

　(6) 賭博　賭博をした教職員は、減給又は戒告とする。特に、常習として賭博をした教職員は、停職とする。

　(7) 麻薬・覚せい剤等の所持又は使用　麻薬・覚せい剤等を所持又は使用した教職員は、免職とする。

　(8) 酩酊による粗野な言動等　酩酊して、公共の場所や乗物において、公衆に迷惑をかけるような著しく粗野又は乱暴な言動をした教職員は、減給又は戒告とする。

　(9) 淫行　18歳未満の者に対して、金品その他財産上の利益を対償として供与し、又は供与することを約束して淫行をした教職員は、免職又は停職とする。

　(10) 痴漢行為　公共の場所又は乗物において痴漢行為をした教職員は、免職、停職又は減給とする。

　(11) 盗撮行為　公共の場所若しくは乗物において他人の通常衣服で隠されている下着若しくは身体の盗撮行為をし、又は通常衣服の全部若しくは一部を着けない状態となるところにおける他人の姿態の盗撮行為をした教職員は、停職又は減給とする。

5　交通事故・交通法規違反関係

　(1) 酒酔い運転　酒酔い運転をした教職員は、免職とする。

　(2) 酒気帯び運転　ア　酒気帯び運転で人を死亡させ、又は重篤な傷害を負わせた教職員は、免職とする。イ　酒気帯び運転で人に傷害を負わせた教職員は、免職又は停職とする。この場合において、事故後の救護を怠る等の措置義務違反をした教職員は、免職とする。ウ　酒気帯び運転をした教職員は、停職とする。この場合において、物の損壊に係る交通事故を起こして、その後の危険防止を怠る等の措置義務違反をした教職員は、免職又は停職とする。

　(注) 処分を行うに際しては、過失の程度や事故後の対応等も情状として考慮の上判断するものとする。

6　児童生徒に対する非違行為関係

　(1) 体罰　ア　体罰を加えたことにより、児童生徒を死亡又は重大な後遺症を残す

負傷を負わせた教職員は、免職又は停職とする。イ 体罰を加えたことにより、児童生徒に重傷を負わせた教職員は、停職、減給又は戒告とする。この場合において、体罰を常習的に行っていたとき、又は体罰の態様が特に悪質なときは、免職又は停職とする。ウ 体罰を加えたことにより、児童生徒に軽傷を負わせた教職員は、減給又は戒告とする。この場合において、体罰を常習的に行っていたとき、又は体罰の態様が特に悪質なときは、停職又は減給とする。エ悪質な暴言等を常習的に行うことにより、児童生徒に著しい精神的苦痛を負わせた教職員は、停職、減給又は戒告とする。この場合において、暴言等の態様が特に悪質なときは、免職、停職又は減給とする。

(2) わいせつ行為等　ア わいせつ行為（同意の有無を問わない。）を行った教職員は、免職とする。イ セクシャル・ハラスメント又はこれと同等の行為を行った教職員は、停職、減給又は戒告とする。この場合において、セクシャル・ハラスメント又はこれと同等の行為を繰り返すなど特に悪質なときは、免職又は停職とする。

となっている。さらに、公表基準について、栃木県の「職員の懲戒処分等公表基準について」を参照する。公表については説明責任を果たし、教育行政に対する信頼の確保に資するとともに、懲戒処分等を受けた職員の人権の保護と教育に携わる職員の自覚を促すことを目的としている。

2　懲戒処分等の公表
　次のいずれかに該当する場合は、当該懲戒処分等に関する情報を公開する。
　1　地方公務員法第29条に基づく懲戒処分を行ったとき
　2　1に関して、管理監督責任を理由に、管理職にある職員に対する懲戒処分等を行ったとき
3　公表の内容
　(1) 公表内容は、次に掲げる項目とする。
　1　処分日
　2　処分内容
　3　事件概要
　4　所属区分（事務局等又は学校の種類）
　5　所在地域（県央、県北、県南、県東、県西）。ただし、盲・聾・特別支援学校を除く。
　6　職位

7　年齢

8　性別

(2)　氏名等の公表

懲戒免職及び停職６月の者、並びに報道、警察発表等によって既にその所属名や氏名が明らかになっている場合は、(1) に加え、所属名、職名及び氏名の一部又は全部を公表する。

4　公表の時期及び方法

処分後速やかに、県政記者クラブへの資料提供（重大な事件にあっては、教育次長又は　関係課長等による記者発表）により行う。

5　懲戒処分件数の情報提供

一会計年度終了後、栃木県人事行政の運営等の状況の公表に関する条例（平成17年栃木県条例第３号）第４条第１項に基づき、当該年度に行った懲戒処分に関し、処分内容ごとの件数を公表する。

6　児童生徒等の人権への配慮

次の各号に該当する場合その他人権への配慮が必要な場合にあっては、公表を行わず又は上記３の公表内容の一部を公表しないことができる。

1　児童生徒その他の被害者等が公表を望まない場合

2　公表により児童生徒その他の被害者等が特定される可能性があるとき

となっている。特に、「6　児童生徒等の人権への配慮」については、「人権の保護」と「知る権利」に葛藤がある。

おわりに

教員の事故や事件の報道が頻繁にある。学校教育の信頼を損なう重大事件・事故である。教育者である教員は、常にその職責を自覚し、自らの人格を磨いていかなければならない。そのために常に教員である意識を持ち続けなければならない。児童生徒は、常に教員を観察し、「学ぶはまねぶ」という言葉のごとく、教員を手本として自らの人格を磨く努力をしているのである。教員の身分は、法的に守られているが、教員は法の内外を問わず自分の言動に思慮深くなり、自然と出る所作に人格の高さが匂ってくることが大切である。それはある面人間である教員として厳しく辛いところだが、児童生徒の将来を預かる者として常に心していかなければならない。

〈参考図書等〉

佐藤晴雄、『現代教育概論　第 3 次改訂版』2011、学陽書房

羽田積男・関川悦雄、『現代教職論』、2016、弘文堂

窪田眞二・小川友次、『教育法規便覧』2016、学陽書房

栃木県教育委員会事務局総務課『栃木県教育関係職員必携平成 28 年版』2016、第一法規

栃木県教育委員会「栃木県教職員懲戒処分の基準」2004

栃木県教育委員会「職員の懲戒処分等公表基準について」2014

第14章

チーム学校

はじめに

　急激な社会状況の変化に伴い、学校の果たすべき役割や教員が担う業務の範疇は多岐にわたってきている。このような状況下、文部科学省が新たな学校の組織体制として推進しているのが、「チームとしての学校」（以下、「チーム学校」）である。核となっているのが、中央教育審議会（以下、中教審）から2015（平成27）年12月に提出された「チームとしての学校の在り方と今後の改善方策について（答申）」（以下、「チーム学校答申」）である。2017（平成29）年8月には中教審より「学校における働き方改革に係る緊急提言」が出され、その中で「『チームとしての学校』の実現に向けた専門スタッフの配置促進等」が挙げられており、教員の「働き方改革」の推進とあわせて述べられている。

　また、2019（平成31）年1月には「新しい時代の教育に向けた持続可能な学校指導・運営体制の構築のための学校における働き方改革に関する総合的な方策について（答申）」が出され、『教師や専門スタッフ等の学校に勤務する多様な教職員が、それぞれの専門的な知識や技能を集約して活用し、地域とも連携しながらチームとして連携協働して学校運営を推進していくことが、…』と指導・運営体制の効果的な強化や充実についてふれられている。

　学校における複雑化・多様化する課題や教員の多忙化・孤立化に対処するために、教員に加えて、スクールカウンセラー等の専門スタッフと分担または連携・協力しながら組織的に対応しようとする組織体制の構築が鍵となる。

　本章では、チーム学校が求められる背景、チーム学校の在り方等について考

えていく。

1　チーム学校論とその背景

（1）資質・能力を育む教育課程を実現するために
①学校の現状と子どもたちの課題
　教員は、教科指導を中心とした学習指導、学級経営を基盤とした生徒指導や進路指導、放課後等における部活動等、幅広い業務を担い、子供たちの状況を総合的に把握しながら、日々の教育活動を行っている。また、近年は教職員の年齢構成上の課題として、大量退職に伴う若手教員の採用も増えるなど世代交代が進み、若手教員の資質・能力の向上も課題となってきている。
　校種別に、具体的にみると

【小学校】
- 基本的に学級担任制をとっており、担任の授業時間が中・高に比べて多い。また、道徳や外国語も教科としての位置付けがなされてきている。
- 2022年度からは、高学年において「教科担任制」が導入され、各地域・学校の実態に応じて、優先的に専科指導の対象とする教科に「外国語」「理科」「算数」「体育」をあげ推進している。教科指導のほか給食指導、休み時間における児童との活動、安全管理や生活指導等、子どもと関わる内容も大切なものとなっている。
- 各種調査や徴収金、PTA、地域との連携等、授業以外の業務の割合が高い。児童在校中は、校務や授業準備の確保はなかなか難しい状況にある。

【中学校】
- 教科担任制をとっており、教科により授業時間は異なるが、部活動や補習指導、生徒指導、進路指導に関わる業務がある。
- 部活動の顧問を担う教員は、放課後や土日の指導、大会参加のための生徒引率等勤務時間外での対応が日常化していることから、専門スタッフとして部活動等の指導や単独引率等を行うことを職務とする部活動指導員を導入している。
- 中教審答申では、将来的には、部活動を学校単位から地域単位の取組にし、学校以外が担うことも積極的にすすめるべきと提起している。

　子どもたちの課題としては、全国学力学習状況調査等からは、判断の根拠や理由を示しながら自分の考えを述べるといった活用面で課題があることが指摘されている(1)。また、OECD（経済協力開発機構）による生徒の学習到達度調査（PISA）では、自己肯定感や学習意欲、社会参画の意識等が国際的にみて低いことなどがあげられている。新しい時代の子どもたちに必要な資質・能力を育むために、教育活動を更に充実させ、子どもの自信を育み能力を引き出すことが求められている。

　②社会に開かれた教育課程

　学習指導要領では、学校教育全体や各教科等の指導を通して資質・能力を育むためには、学校が社会や世界と接点を持ち、多様な人々とつながりを保ちながら学ぶことができる開かれた環境となることが不可欠であると示されている。

　つまり学校教育を通じて、よりよい社会を創造するという目標を学校と社会が共有するという「社会に開かれた教育課程」の実現が求められている。そのためには、学校の組織や文化の在り方を見直し、コミュニティ・スクール等の仕組みの活用や、多様な専門性を持つ地域人材等との連携・協働により家庭や地域社会を巻き込み、教育活動を充実していくことが大切になってくる。

　2015（平成27）年8月に中教審・教育課程企画特別部会から出された「論点整理」においては、子どもたちに必要な資質・能力を育むために

・習得・活用・探究という学習プロセスの中で、問題発見・解決を念頭に置いた深い学びの過程が実現できているかどうか
・他者との共同や外界との相互作用を通じて、自らの考えを広げ深める、対話的な学びの過程が実現できているかどうか
・子供たちが見通しを持って粘り強く取り組み、自らの学習活動を振り返って次につなげる、主体的な学びの過程が実現できているかどうか

といったアクティブ・ラーニングの視点から、主体的・対話的で深い学びの実現に向け、指導方法を不断に見直し、改善していくことが求められている。

　③カリキュラム・マネジメントの推進

　学習指導要領が目指す理念を実現するためには、教育課程全体を通した取組

を通じて教科横断的な視点から教育活動の改善を行っていくことや、学校全体としての取組を通じて教科等や学年を超えた組織運営の改善を行っていくことが求められている。そのためには教育活動や組織運営など、学校全体の在り方の改善において核となる教育課程の編成、実施、評価及び改善という「カリキュラム・マネジメント」の確立が必要であることが示されている。

　学校教育目標を達成するためのカリキュラム・マネジメントは、次のような側面から捉えることができる。

【カリキュラム・マネジメントの３つの側面】

○　各教科等の教育内容を相互の関係で捉え、学校教育目標を踏まえた教科等横断的な視点で、その目標の達成に必要な教育の内容を組織的に配列していくこと。

・「この時期に活動を行う意味は？」、「これだけの時間をかける理由は何か？」

・教科・領域・学年間を横断した関連性の重視

・総合的な学習の時間やキャリア教育、探究学習など課題解決型の学習との関連

○　教育内容の質の向上に向けて、子供たちの姿や地域の現状等に関する調査や各種データ等に基づき、教育課程を編成し、実施し、評価して改善を図る一連のPDCAサイクルを確立すること。

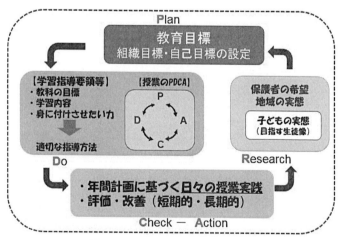

図14-1　PDCAサイクルのイメージ　　出典：筆者作成

○　教育内容と、教育活動に必要な人的・物的資源等を、地域等の外部の資源も含めて活用しながら効果的に組み合わせること。

　このような「カリキュラム・マネジメント」を実現するためには、管理職も含めた全ての教職員がその必要性を理解し、子供や地域の実態等と指導内容を照らし合わせ、学校単位で教育活動をまとめるような体制を整えていくことが大切である。教職員の定数の確保や、職員室で何でも話し合えるような雰囲気、広く議論できる場の設定等を行っていく必要がある。また教職員だけでなく、保護者や地域住民その他の関係者が、それぞれの立場や役割に応じて、学校が抱える様々な課題に前向きに取り組んでいく学校文化を構築し、教育活動を推進していくことも重要である。

（2）複雑化・多様化した課題を解決するために

　学校が抱える課題は、生徒指導上の課題や特別支援教育の充実など、より複雑化・困難化し、心理や福祉など教育以外の高い専門性が求められるような事案も増えてきており、教員だけで対応することが、質的な面でも難しくなってきている。

　教員にとっても、新たな課題に対応するための研修などは、これまでも十分になされてきている。担任のほか校務分掌で分担された領域などに関しては、都道府県の教育研修センターなどで、その年度の新任者を対象とした研修がなされているし、教育研究会などの各種研究団体でも取り組んできている。また、学校規模によっても状況は異なってきている。少子化による児童生徒数の減少に伴い、各校に配置される教員定数も少なくなるなど教員一人が担当する分掌が多くなる傾向にあるが、一方で児童生徒一人一人に応じた教育を推進するため、定数改善なども進められている。

　学校が抱える主な教育課題としては、以下のようなものが挙げられる。

・きめ細かな学習指導による学力の保証
・いじめ・不登校、自殺防止のための生徒指導
・発達障害を含めた特別な支援を要する児童生徒への対応
・感染症やアレルギー（食物アレルギー）対策
・登下校時の安全対策や非常災害時における対応

- ・部活動への取組、部活動指導員との連携
- ・土曜日の教育活動への取組
- ・帰国子女・外国人児童生徒への支援
- ・学校徴収金等の未納問題
- ・虐待に関する福祉部局等との連携
- ・放課後児童クラブや放課後子供教室等との連携
- ・青少年育成に係る地域の関係機関との連携　　など

　また課題によっては、児童生徒の心の問題や友人関係、家庭環境等の周囲の状況が複雑に絡み合っている場合もあり、単に学校だけでの対応では限界があり、保健・福祉、医療等の他の分野との連携が必要なケースもある。学校においては、現在、スクールカウンセラー（SC）や、スクールソーシャルワーカー（SSW）、医療ケアを行う看護師や、特別支援教育支援員等の専門スタッフの配置が進められている。

（3）子どもと向き合う時間を確保するために

①学校や教員の勤務実態

　2014（平成26）年6月に公表された中学校および中等教育学校前期課程の校長及び教員を対象に行われたOECD国際教員指導環境調査（TALIS）によると、日本の教員の1週間当たりの勤務時間は参加国中で最長となっている。勤務時間の内訳を見ると、授業時間は参加国平均と同程度であるが、課外活動（スポーツ・文化活動）の指導時間が長く、事務業務の時間も長いという結果がでている。

　授業以外の業務や、部活動指導等にかかる時間が影響していると言える。

　また、日本の教員の研修のニーズは高いが、研修参加の妨げとして業務スケジュールが合わないことを挙げる教員が多く、多忙のため参加が困難な状況にあることも明らかになっている。

②学校の教職員構造

　教職員総数に占める教員以外のスタッフの割合は、日本が約18％であるのに対して、米国約44％、英国が約49％となっているなど、諸外国と比較した

学校の教職員構造は、教員以外のスタッフの配置が少ない状況になっていることがうかがえる[2]。

　教員が子どもと向き合う時間を十分に確保するため、教員に加えて、事務職員や、心理や福祉等の専門家が教育活動や学校運営に参画し、連携、分担して校務を担う体制を整備することが重要である。

　特に、副校長・教頭は、学校内外の複雑な調整業務を中心的に行うとともに、各種調査依頼への対応や、学校内のどの分掌や委員会にも属さない業務を担うなどしている。教職員がチームとして機能するための調整役として、副校長・教頭の役割は大きく、副校長・教頭の勤務状況を改善することは、学校全体の機能が大きく改善することにつながる。

2　チームとしての学校の在り方

（1）チーム学校を実現するための視点

　学習指導要領で示された「社会に開かれた教育課程」を実現するためには、アクティブ・ラーニングとカリキュラム・マネジメントといった課題に適切に対応していくことが求められる。こうした状況を踏まえ、チーム学校答申では、「チームとしての学校」像を、次のように述べている。

> 校長のリーダーシップの下、カリキュラム、日々の教育活動、学校の資源が一体的にマネジメントされ、教職員や学校内の多様な人材が、それぞれの専門を生かして能力を発揮し、子供たちに必要な資質・能力を確実に身に付けさせることができる学校

　また、チーム学校を実現するための視点として、以下の3点をあげている。

① 専門性に基づくチーム体制の構築

　学校の教員は、従来から教育に対する専門性を基盤としつつ、それぞれの得意分野を生かし、学習指導や生徒指導等の様々な教育活動の場面で「チームとして」連携・分担し、成果を上げてきた。

　近年では、学校の多忙化等が指摘される中、教員が孤立化しているという指

摘もある。教員の資質・能力を上げていくためには、教員集団として資質・能力の向上に取り組むことが重要である。現在、教員の大量退職を迎え、若手への世代交代が進むことを考えたとき、若手を含む教員集団の指導体制をいかに整えていくかが鍵となる。加えて、心理や福祉等の専門スタッフについて、学校の職員として職務内容を明確化し、質の確保と配置の充実を進めるべきである。教員も専門スタッフもチーム学校の一員として目的を共有し、取組の方向性をそろえることが今まで以上に求められる。

　チーム学校答申に示されている学校の教職員等の役割分担の例としては、以下のようなイメージになる。

(a) 教員が行うことが期待されている本来的な業務
　○学習指導、生徒指導、進路指導、学校行事、授業準備、教材研究、学年・学級経営、校務分掌や校内委員会等に係る事務、教務事務（学習評価等）
　○新たな教育課題への対応のために必要な業務
　　通級指導など特別支援教育、小学校英語等の専科指導、いじめ・道徳対応の強化、アクティブ・ラーニングの視点からの不断の授業改善
(b) 教員に加え、専門スタッフ、地域人材等が連携・分担することで、より効果を上げることができる業務
　○カウンセリング、部活動指導、外国語指導、教員以外の知見を入れることで学びが豊かになる教育（キャリア教育、体験活動など）、地域との連携推進、保護者対応
(c) 教員以外の職員が連携分担することが効果的な業務
　○事務業務、学校図書館業務、ICT活用支援業務
(d) 多様な経験等を有する地域人材等が担う業務
　○指導補助業務

　チーム学校における上記の役割分担を示すと、次のようになる

（a）の業務	（b）、（c）の業務	（d）の業務
教　員	【専門スタッフ】 スクールカウンセラー スクールソーシャルワーカー 部活動指導員、学校司書 特別支援教育支援員、事務職員 ICT支援員　など	【サポートスタッフ】 理科の実験支援員 学習サポーター　など

　チーム体制を構築する際には、上記のような業務分担のほか、職務内容、権限と責任を明確化することで、立場・役割を認識し、学校の課題への対応や業務の効率的・効果的な実施に取り組んでいけるような意識改革や異なる人材を含めた協働の文化を築くことが重要である。

　具体的には、学校や教員が直面する課題が多様化・複雑化し、学校における働き方改革の推進、GIGAスクール構想の着実な実施、医療的ケアをはじめとする特別な支援を必要とする児童生徒への対応等が喫緊の課題となっている。こうした課題に対応するため、2021（令和3）年8月に学校教育法施行規則の一部を改正し、学校において教員と連携協働しながら不可欠な役割を果たす支援スタッフとして、医療的ケア看護職員、情報通信技術支援員（ICT支援員）、特別支援教育支援員及び教員業務支援員（スクール・サポート・スタッフ）の職務内容等が示されるなど、チームとしての学校の指導・運営体制の強化・充実を図る取り組みがますます求められている。

② 　学校のマネジメント機能の強化

　専門性に基づくチーム学校が機能するためには、校長のリーダーシップが重要であり、マネジメント機能を強化していくことが求められる。そのためには、主幹教諭の配置の促進や事務機能の強化などの仕組みの充実をはかることが大切である。

　学校の課題が複雑化・多様化したことに伴い、学校が管理しなければならない範囲も複雑化・多様化し、学校のマネジメントの難度が高くなっている。新しい人事評価の導入に伴い、管理職に対するマネジメント研修は自治体ごとに積極的に実施されるようになってきた。将来を展望したとき、今後は中堅教職員の段階から、管理職として求められる資質・能力を継続的に伸ばしていくこ

とができるような仕組みや機会が必要であり、国や教育委員会は、管理職の養成、選考・登用、研修という段階を通じて一貫した施策を講じていく必要性が答申では述べられている。あわせて「これからの学校教育を担う教員の資質能力向上について（答申）」で提言されている教員育成協議会の仕組みや、任命権者によって作成された教員育成指標の活用についても検討を進めていく必要がある。

チーム学校は、多様な職員で構成される組織になることから、専門性や文化が異なる職員をいかに束ねて成果をだしていくかが問われる。子どもや地域の実態を踏まえたとき、学校に配置される専門スタッフは、それぞれ業務の進め方や処理に要する時間も異なってくることなどから、専門職としての在り方や専門分野における文化の違いに配慮したマネジメントが求められる。

さらに、校長が示す学校教育ビジョンの下、リーダーシップを発揮した学校運営が可能となるような裁量拡大を進めていくことも重要になってくる。

③　教職員一人一人が力を発揮できる環境の整備

教員については、「学び続ける教員像」として、2012（平成24）年の中教審答申「教職生活の全体を通じた教員の資質能力の総合的な向上方策について」で、「教職生活を通じて、実践的指導力等を高めるとともに、社会の急速な進展の中で、知識・技能の絶えざる刷新が必要であることから、教員が探究力を持ち、学び続ける存在であることが不可欠」であると提言されている。

教職員や専門スタッフ等の多職種で組織されるチーム学校が効果的に機能し、教職員がそれぞれの力を発揮し、伸ばしていくことができるようにするためには、人材育成の充実や業務改善の取組を進めることが重要になってくる。

人材育成に関しては、日常的に面談等の機会を活用し、教員評価・人事評価制度を効果的に活用したり、校内研修の充実を図ったりすることなどが大切である。しかし、研修のための新たな時間や場所の確保等が厳しい状況にあることから、日常的に校内で行う OJT（オン・ザ・ジョブ・トレーニング）等の工夫が大切になってくる。

また校務分掌や校内委員会の持ち方、業務の内容や進め方の見直しを図るなど業務改善に向けた取組も必要である。

チーム学校（イメージ図）

【現在】
・学校教職員に占める教員以外の
　比重が国際的にみて低い構造
　で、複雑化・多様化する課題が
　教員に集中し、授業等の教育課
　題に専念しづらい状況
・主として教員のみを管理するこ
　とを想定したマネジメント

（注）「現在」の学校に係る記述は、
　　学校に対するステレオタイプ的な
批判等を表しているものであり、具体の学校、あるいは、すべての学校を念頭に記述しているものではない。

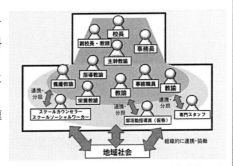

【チームとしての学校】
・多様な専門人材が責任を伴って
　学校に参画し、教員はより教科
　指導や生徒指導に注力
・学校のマネジメントが組織的に
　行われる体制
・チームとしての学校と地域の連
　携・協働を強化

（注）専門スタッフとして想定されるものについては、本答申中の22ページを参照。ま
　　た、地域社会の構成員として、保護者や地域住民等の学校関係者や、警察、消防、
　　保健所、児童相談所等の関係機関、青少年団体、スポーツ団体、経済団体、福祉団
　　体等の各種団体などが想定される。

	現在	チームとしての学校
授業	・変化する社会の中で、新しい時代に必要な資質・能力を身に付ける必要	・アクティブ・ラーニングの視点からの不断の授業改善

	現在　　　　⟶　　チームとしての学校	
教員の業務	・学習指導、生徒指導に加え、複雑化多様化する課題が教員に集中し、授業等の教育指導に専念しづらい状況	・専門スタッフ等との協働により複雑化・多様化する課題に対応しつつ、教員は教科指導により専念
学校組織運営体制	・主幹教諭の導入等の工夫 ・学校教職員に占める授業以外の専門スタッフの比率が国際的に見て低い構造	・カリキュラム・マネジメントを推進 ・多様な専門スタッフが責任を持って学校組織に参画して校務を運営
管理職像	・主として教員のみを管理することを想定したマネジメント	・多様な専門スタッフを含めた学校組織全体を効果的に運営するためのマネジメントが必要
地域との連携	・地域に開かれた学校の推進	・コミュニティ・スクールの仕組みを活用 ・チームとしての学校と地域の連携体制を整備

図14-2　チーム学校（イメージ図）

出典：チーム学校答申14頁より「チームとしての学校」像（イメージ図）から抜粋

（2）チーム学校と家庭、地域、関係機関との関係

　教育基本法第10条には、「父母その他の保護者は、子の教育について第一義的責任を有する…」とある。しかし、家庭の教育環境は様々であり、学校が「何をどこまで担うか」は難しい面もある。むしろ学校、家庭及び地域住民等の相互の連携協力こそが重要になってくる。学校では、家庭や地域の力を学校に取り入れていくために、学校評議員制度、学校運営協議会（コミュニティ・スクール）を設置したり、地域学校協働本部による地域学校協働活動を展開したり等の仕組みを取り入れたりするなど、学校の情報公開や連携・協働する体制構築に積極的に取り組んできた。

　学校の教育課題が複雑化・困難化している状況を考えたとき、課題を解決するためには学校を地域に開き、地域住民や保護者が学校運営に対する理解を深め、積極的に参画することで、学校、家庭、地域で分担していくことが重要になってくる。それぞれの立場から連携・協力できることを行いながら、子どもたちの様々な活動を充実していくことが大切である。今後、多くの地域で若手の教職員が増加してくることもあり、PTA活動を通じて保護者の経験等を生か

したり、ボランティア等で地域の人材と協働したりするような取組みを引き続き進めていく必要がある。

　また、市町村教育委員会においては、法的側面から支援を行うスクールロイヤーを配置するなど、警察、消防、保健所、児童相談所、弁護士会等の関係機関との組織的な取組を進めていくことは、生徒指導や健康・安全、青少年の健全育成等の観点からもより効果的である。

（3）国立学校や私立学校におけるチーム学校

　国立学校は、国立大学に附属して設置され、地域におけるモデル的な役割や中長期的な視点から先導的・実験的な取組を実施する役割を担っており、私立学校は、それぞれの建学の精神に基づき、特色ある教育活動を展開している。チーム学校を推進するに当たっては、公立学校のみならず、国立学校や私立学校の位置づけや校種の違いなどに配慮するとともに、各学校の取組に対し地域や行政等から必要な支援を行うことも重要になってくる。

おわりに

　学校において、教員は内外から様々な要求がある中、最大限に努力して日々の教育活動に取り組んでいる。質の高い指導を実現していくためには、業務改善とあわせて、指導体制の充実が不可欠である。しかし、これまで述べてきたように複雑化・多様化する課題に対応するには、一人一人の教員の資質・能力を高めることだけでは、すでに限界にきている。研修等により教員の多能化を図ることで対応するには、その業務内容はあまりに多岐にわたってきている。また、限られた人的資源でより高度な事業を遂行していくためには、教職員以外の専門性を取り入込むことが重要になってきている。

　チーム学校は、管理職によるマネジメントの下、教員、事務職員、専門スタッフ、そして地域人材等の支援スタッフ、その業務を連携・分担し、学校組織として児童生徒の指導に携わるものである。当然ながら、校長等管理職は、チーム学校だけでなく、地域との連携・協働、教員の資質向上等、「次世代の学校・

地域」創生を推進する上で、その中心として重責を担うことになるため、より効果的なマネジメント体制を構築することが求められる。「『令和の日本型学校教育』の構築を目指して（答申）」では、新型コロナウイルス感染症の感染拡大により課題となった児童生徒の学びを保障するための「個別最適な学び」と「協働的な学び」を一体的に充実することを述べている。教育の質を高め、業務の効果的・効率的な改善を進め、学校運営を推進していくためには、よりよいチームづくりを推進しながら、次世代を担う子どもの学びの場として発展していくことが期待される。

〈註〉
(1) 文部科学省・国立教育政策研究所「平成28年度全国学力・学習状況調査の結果」、2016　http://www.nier.go.jp/16chousakekkahoukoku/16summary.pdf
(2) 各数値は、日本は文部科学省「学校基本統計報告書」（平成25年度）、米国は"Digest of Education Statistics 2012"、英国は"School Workforce in England November 2013"から引用

〈引用・参考文献〉
中央教育審議会「チームとしての学校の在り方と今後の改善方策について（答申）」、2015
中央教育審議会・教育課程企画特別部会「論点整理」、2015
中央教育審議会初等中等教育分科会・学校における働き方改革特別部会「学校における働き方改革に係る緊急提言」、2017
文部科学省「OECD国際教員指導環境調査（TALIS2013）」、2014
中央教育審議会「新しい時代の教育に向けた持続可能な学校指導・運営体制の構築のための学校における働き方改革に関する総合的な方策について（答申）」、2019年1月
義務教育9年間を見通した指導体制の在り方等に関する検討会議「義務教育9年間を見通した教科担任制の在り方について（報告）」、2021年7月
中央教育審議会「『令和の日本型学校教育』の構築を目指して（答申）」2021年1月
文部科学省「学校教育法施行規則の一部を改正する省令の施行について（通知）」、2021年8月

第15章

特別支援教育

はじめに—明らかになった特別支援教育の問題

　2022（令和4）年3月31日、「特別支援教育を担う教師の養成の在り方等に関する検討会議報告」（以下、「報告」と表記）が取りまとめられました。そして、同日に文部科学省初等中等教育局長　伯井美徳、及び同省総合教育政策局長　藤原章夫、両名の連名で「特別支援教育を担う教師の養成、採用、研修等に係る方策について（通知）」（3文科初第2668号）が発出されました（敬称略）。この文書は、上述の「報告」を踏まえて、特別支援教育に携わる教師の養成、採用及び研修等に係る今後の取組に関する留意事項を伝えるものとなっています。

　この「報告」で指摘されたことが冒頭の節題につながるのですが、具体的に何が指摘されているのか、小学校や中学校の教職課程と関わりが深い話題を中心に取り上げることにします。

　まず、致し方ないことですが、校長の特別支援教育に関わる教職経験の少なさが指摘されています。特別支援学級等での教職経験の無い校長は、小学校で70.6％、中学校で75.4％でした。その一方で、令和2年度段階で82.3％の学校に特別支援学級が設置されています。多くの学校では、特別支援学級等での教職経験がない校長が特別支援教育を含めた学校経営を行わざるを得ない状況になっています。

　次に、特別支援学級担任の雇用形態についても取り上げられています。小・中学校の学級担任の雇用形態として、小学校の学級担任全体における臨時的任

用教員の割合は11.49％であるのに対し、特別支援学級の臨時的任用教員の割合は23.69％、中学校の学級担任全体における臨時的任用教員の割合は9.27％であるのに対し、特別支援学級の臨時的任用教員の割合は23.95％であるそうです。このことは、「特別支援教育に関わる教師が、他の教師と比べて長期的な視野に立って計画的に育成・配置されているとは言い難い現状にある」と指摘されました。

　そして、第三に、特別支援教育コーディネーターの指名についても言及されています。全ての学校では特別支援教育コーディネーターを指名することが平成19年4月1日付け19文科初第125号文部科学省初等中等教育局長通知で周知されているのですが、平成30年度における指名率は、幼稚園で61.9％、小学校で99.2％、中学校で95.2％、高等学校で83.8％であり、「特別支援教育コーディネーターの役割を改めて認識し、指名率の向上のみならず、教師の資質能力の向上に指導的な役割を果たせるよう質の確保にも努めていく必要がある」と指摘されています。

　その他にも「小学校等においては、特別支援学級に在籍する児童生徒の指導に担任以外の教師が関与していないという状況もある」とか「特別支援学級担任や通級による指導担当者は、特別支援教育コーディネーターの役割を担っていることが多く」といった現状も指摘されています。

　これらの指摘は、これまでと同じような考え方のままでは良くない、考え方を根本的なところから変えていく必要がある、ということを示していると思います。

　教職課程で教員となるべく学んでいる「あなた」は、教員として奉職した直後から特別支援教育に関する様々な業務に携わることになります。それゆえ、特別支援教育に関する正しい知識を身につけるようにして下さい。そして、本章で学んだことを手掛かりや出発点にして、さらに「特別の支援を必要とする幼児、児童及び生徒に対する理解」という必修科目での学修につなげて頂き、晴れて教員として教壇に立った時には、それまで学んだ知識をご自身の教育実践に活かせるように努力されることを期待します。

1　特別支援教育の開始と教職の役割の変化

　特別支援教育が開始されたのは2007（平成19）年のことです。これまで特殊教育と呼ばれていた障害をもつ幼児児童生徒の教育の枠組みは、特別支援教育と名称と考え方を刷新して、改めて位置づけ直されることになりました。

　ここで、早々に注意して頂きたいことは、「特別支援教育は特殊教育を引き継いだ障害児教育だ」という誤解が生じている、ということです。部分的には正しい理解ではあるのですが、「考え方を刷新して」の中身が重要です。

　筆者なりの言葉で説明しますと、特別支援教育は、特殊教育の対象と方法を過不足なく引き継いだと言うより、特殊教育の枠組みを取り込んで、学校教育全体で障害を始めとした様々な特別な教育的ニーズに応えることができる指導体制を作ることを目指したものです。つまり、「特別支援教育＝障害児教育」ではなく「特別支援教育⊃障害児教育」なのです。

　さて、それでは、特殊教育から特別支援教育への移行について、少し詳しく見ていきます。

　特殊教育とは、特別支援教育が始まる以前の障害のある幼児児童生徒を対象とした教育の枠組みを言います。特殊教育の特徴は、障害の種類毎に特別な教育方法を特別な場所で実施することで教育の効果と効率を求めたところにあります。そのため、盲学校（視覚障害）、聾学校（聴覚障害）、養護学校（知的障害、肢体不自由、病弱・身体虚弱）と障害の種類毎に学校が置かれ（これらの学校をまとめて特殊教育諸学校と言いました）、それぞれの障害種に対して効果的・効率的な指導の方法論とノウハウを蓄積していました。

　それに対し、特別支援教育とは、特殊教育のように「障害」に注目するのではなく「特別なニーズ」に注目することに方針を大転換した教育の枠組みです。

　具体的な変化としては、まず名称が変わりました。法律上、特殊教育諸学校と呼ばれた盲学校・聾学校・養護学校という学校の種類は、特別支援学校一種類に集約されました。学校種が統合されたことで、教員免許状の呼び名と枠組

みも改められています。その他に、普通学校に設置されていた特殊学級の呼び名も特別支援学級と変わりました。

次に、法律上、指導対象の障害の種類が増えました。特殊教育では含まれていなかった「発達障害」が正式に教育対象となりました。

新たに加えられた発達障害の幼児児童生徒の指導を担当するのは、原則、「普通学校の通常学級」（以下、通常級と表記）になります。普通学校にいる何か障害のある児童生徒は、全て特別支援学級や特別支援学校に籍をおけば良いと思っていた方は認識を改めて頂く必要があります。

現在、学校教育法の第1条で規定されている中等教育までの全ての学校は、既に発達障害を始めとした何らかの障害のある幼児児童生徒の指導をする場となっており、通常級担任は、特別な教育的ニーズを持つ子供を指導する当事者に役割を変えることになったのです。

2　特殊教育から特別支援教育への変化の背景

この第2節と次の第3節では、教育分野だけでなく関連する分野の動向に注目して、特殊教育から特別支援教育への変化は他の分野のどのような運動や思索から影響を受けているのか、考えてみたいと思います。

なお、本節では、ノーマライゼーション運動から始まるインテグレーションの実施と失敗、インテグレーションの失敗を受けて導入されたインクルージョンという大きな教育分野の取り組みの流れを追いかけます。

ノーマライゼーション（Normalization）とは、様々な日本語訳が当てられているようですが、筆者には「当たり前運動」という言い方がしっくりきます。その理由は、ノーマライゼーション運動の出発点がデンマークにおける障害者施設利用者の保護者の願いだからです。保護者の願いは、施設を利用している我が子の処遇を自分たちが住んでいる街の他の子と同じような「当たり前」のものにして欲しい、というものでした。

バンク＝ミケルセンは、このような保護者と共にノーマライゼーション運動に取り組んだ人で、ノーマライゼーションを「精神遅滞者にできるだけノーマ

ルに近い生活を提供すること」と定義しました（「精神遅滞者」は過去の表現
であり、現在は知的障害者と言います。歴史的表現に当たりますので、そのま
ま「精神遅滞者」で説明していきます。以降同様です。）。

　また、同じ北欧のスウェーデンでは、ニルジェがノーマライゼーションを
「精神遅滞者の日常生活の様式や条件をできるだけ社会の主流となっている規
範や形態に近づけるようにすること」と定義しましたし、北米へノーマライ
ゼーションを伝えたヴォルフェンスベルガーは「可能なかぎり文化的に通常で
ある身体的な行動や特徴を維持したり、確立するために、可能なかぎり文化的
に通常となっている手段を利用すること」と説明しました（鈴木、1998）。

　このように見ていきますと、ノーマライゼーションの理念は「障害のある
者」が用いている環境を「障害のない者」が用いている環境へ質的・量的に接
近させようとする運動と言うことができると思います。ノーマライゼーション
の理念は、建築や意匠の分野で「バリアフリー」とか「ユニバーサルデザイ
ン」という展開を遂げますが、教育分野では「インテグレーション（統合教
育）」として呼応することになります。

　教育分野におけるインテグレーションは、日本で統合教育と呼ばれました。
「統合」という言葉が用いられている通り、異なるものをまとめて一つとする
という発想でした。つまり、「障害のある児童生徒」と「障害のない児童生徒」
を同じ場で教育する、という方向性です。なお、ここでの「障害」とは診断基
準等により診断を得た状態像であることを意味しています。

　統合教育が障害児教育の目指すべき形であるとされていた頃は、位置的統
合・社会的統合・機能的統合という3つの段階での質的変化・目標の達成が想
定されていました（茂木、1996）。位置的統合とは、障害児教育機関と通常学
校が同一敷地内あるいは隣接地に立地する段階です。社会的統合とは、食事や
クラブ活動などで障害のある児童生徒と障害のない児童生徒が一緒に活動する
段階です。そして、機能的統合とは、教科の学習も含めて一日障害のある児童
生徒と障害のない児童生徒が一緒に活動する段階です。

　ただ、このような統合教育の試みは失敗することになります。位置的統合や
社会的統合の段階までは到達することができたのですが、最後の機能的統合の

段階で大きな問題を抱えることになりました。つまり、障害のある児童生徒が通常級で教科の指導を受けるにあたり、障害のない児童生徒への指導方法を大きく変えないまま障害のある児童生徒に指導を行おうとしたのです。例えば、小学５年生クラスで知的水準が小学２年生程度の児童が小学５年生の学習内容を何の配慮や準備もなく一斉授業の形式の中で学ぶことが可能か？と問えば、「可能」とはなかなか言えないでしょう。

このように、機能的統合の段階を目指して様々な試みが行われましたが、障害のある児童生徒にとっては障害のない児童生徒と同じ空間で学習活動に取り組む形になっていたとしても、実際に障害のある児童生徒にとって実りある学習体験ができているのか疑わしいことが指摘されるようになります。障害のある児童生徒は「お客様状態」に陥っていて、障害のある児童生徒にとっては実質的な「学び」が保証されない状況が発生することになりました（このような状況を「ダンピング」と言います）。

この統合教育の失敗を受けて注目を集めた考え方がインクルージョン（包摂教育）です。包摂教育は、統合教育の失敗の後に統合教育と入れ替わりで登場してきた訳ではなく、統合教育の実践が展開されている時期に並行しながら統合教育とは違う形で少しずつノーマライゼーションの実現を目指してきたものです。

包摂教育の大きな特徴は、包摂教育の注目する点が障害の有無や種類ではなく「特別な教育的ニーズ」と呼ばれるものであることです。包摂教育は、一人ひとりの児童生徒が抱える「特別な教育的ニーズ」に応じた指導を行う教育を標榜しますから、統合教育と比較すると対象となる児童生徒の範囲が広がり、理論的に、対象児数が増加します。別の言い方をすると、統合教育では「障害のある」児童生徒が対象でしたが、包摂教育では「障害のある」児童生徒と共に「障害はないが何か問題を抱えていて学習や生活に影響が出ている」児童生徒も対象になるのです。

しかし、現在の教育現場の感覚としては、包摂教育＝インクルーシブ教育、特別支援教育＝発達障害を含めた障害児教育、という受け止め方が多いように思われます。本来の特別支援教育の理念で考えれば、特別支援教育＝包摂教育

なのですが、それを実現するためには当事者である先生方の意識が変わること
がまずは重要な要素になってくると思います。

　なお、最近では特別支援教育の一つの方向性として「ユニバーサルデザイン
教育」という言葉も現れてきました（例えば、梶谷（2018））。意匠関係分野で
のノーマライゼーション理念の具現化である「ユニバーサルデザイン」という
言葉が教育分野に浸透してきた訳ですが、その理由を考えてみると非常に示唆
的であるように思います。つまり、一人ひとりの児童生徒の状況に応じて教育
課程や教材がデザインされた教育・指導ということになるのでしょう。包摂教
育（インクルージョン）との関係性については注視していきたいと思います。

3　特別支援教育に WHO が与えた影響

　本節では、世界保健機関（WHO）が示した考え方の変化をご紹介すること
で、統合教育から包摂教育への変化の背景についての理解を促します。なお、
本節の記述については、一部、久田（2011）を参考に説明をします。

　WHOが示した基準なり評価のための枠組みは新旧２つあります。ただし、
「古いから悪い・新しいから良い」と単純に判断することはできません。

　1980年採択の古い基準・評価の枠組みを「ICIDH（International Classification
of Impairments, Disabilities and Handicaps）」と言います。一般に「医療モデル」
と表現されることが多いものです。また、ICIDHは障害の発生過程の評価・分
析と把握のための図式ですから、図15-1に示したように、「疾病・ケガ」から
状態把握が開始されます。機能障害と能力障害、機能障害と社会的不利、能力
障害と社会的不利という対になっている言葉の間の関係は、左側が原因、右側
が結果という結び付きを持ちます。ただ、機能障害・能力障害・社会的不利の
３つの要素は「３つの水準」という説明がされていることから、それぞれの間
で緩い関係性を持つと同時に独立性も持っています。それ故、運命論的な理解
の仕方は強すぎることになります。さらに、３つの水準の間でも見ている風景
はかなり異なり、機能障害・能力障害は医学や医療の観点からの記述になりま
すが、社会的不利は環境由来による生活上の不都合や不自由が存在することに

目を向けたものですから、主観的な記述も含むことができることになります。

　上述のように「医療モデル」と表現されることが多い「ICIDH」ではありますが、医療とは別の「環境由来の生活上の不都合や不自由」の観点からも「障害」を捉えていたという事実は、忘れられてはいけないと思います。

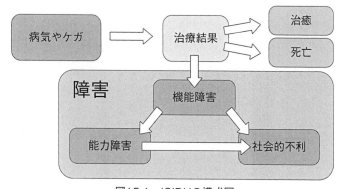

図15-1　ICIDHの模式図

　続いて、新しい基準・評価の枠組みは、「ICF（International Classification of Functioning, Disability and Health）」と言います。2001年にWHOが提唱しました。

　この「ICF」は、「社会モデル」と呼ばれます。「ICIDH」と異なり、障害の分類というよりも個人の健康状態を評価する枠組みです。障害はその健康状態に影響を与えるネガティヴな要素として捉えられています。

　図15-2はICFの捉え方を示したものです。ICFの枠組みでは矢印の終点ばかりが記載されており、どこが始点になっているのか分かりません。これは、始点と終点が重なって表現されているからなのですが、矢印が結び付いているところが始点でもあるし終点でもある、ということですから、ICFは「全ての要素が原因となり、同時に結果となって、その人の健康状態を定めている」ことを表現していると言えます。

　図の構造としては、「健康状態」が一番上に置かれ、その下に「身体機能・構造」、「活動」、「参加」という健康状態を評価する観点（水準でもあります）が置かれていますので、「健康状態」という上位概念が「身体機能・構造」、

「活動」、「参加」というそれぞれに次元の異なる下位概念の観点から修飾され、説明されていることになります。

　ここで一つ意識して頂きたいことは、「身体機能・構造」、「活動」、「参加」の３つは、ネガティヴな面から見た時のICIDHの「機能障害」、「能力障害」、「社会的不利」と対応関係にある、ということです。つまり、ICIDHの枠組みはICFの一部としてまるごと包み込まれていることになるのです。このような、古い枠組みが新しい枠組みに包み込まれている様子は、特殊教育と特別支援教育の間でも見られることに留意して下さい。

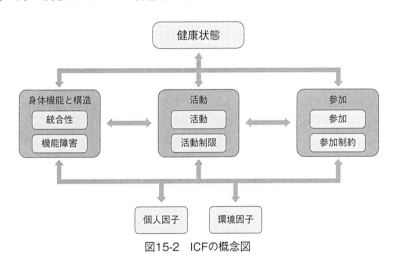

図15-2　ICFの概念図

　ICFでは、さらに、これらの３つの観点に対して影響を与える２つの背景因子が存在しています。個人因子と環境因子です。個人因子とは、健康状態を評価されるその人の気持ちや考え、身体能力や知的能力といったその人にまつわる要素のことです。また、環境因子とは、物理的な環境のことも含まれますが、その人をサポートしてくれる知人・友人・家族などの人的環境も含まれます。『本人が努力を積み重ね、周囲がその努力が報われるように援助することで、本人のその営みはより健康的な活動となり、目標の達成に近づく』と考えることがICFのモデルでは可能になりました。

4 現行の特別支援教育の枠組みと実態

　第4節では「通級による指導」を取り上げます。これ以降、「通級による指
導」は短縮して「通級指導」と表現します。

　特別支援教育の時代になり、障害のある児童生徒の学ぶ場は、特別支援学校
と特別支援学級に加えて通常級も含まれることになりました。そして、そのい
ずれでもない制度上の枠組みが通級指導です。通級指導は、通常級に在籍する
児童生徒に対して個別に障害の克服を目的とした学習活動と経験を保障しよう
とする枠組みになります。この通級指導の制度を正しく理解して用いるために
は、便宜的に「障害」と「発達特性」という2つの言葉を使い分ける必要があ
ります。

　ここでの「障害」とは、生活や学習、仕事において明らかな問題や不都合、
不自由が生じている状態のことを言います（診断を得ているという意味ではあ
りません）。第2節の中で定義した「障害」とは若干意味が異なるため、ご注
意ください。また、「発達特性」とは、診断基準において明示されているそれ
ぞれの障害種を特定する行動上の特徴のことを言います。

　この2つの言葉の使い分けに注目して頂く理由は、特別支援教育のことを学
びはじめると一度は誰もが陥る間違いがあるからです。すなわち、「発達特性」
の存在は即「障害」の存在とイコールである、という間違いです。

　通常級において指導・援助の対象として追加された「発達障害」は、現行の
発達障害者支援法上で「自閉症」・「注意欠陥多動性障害」・「学習障害」が代表
的なものとして取り扱われています（それ以外の種類の発達障害は、法律で明
記されずに施行令や施行規則の水準まで下りないと確認ができないためです）。
なお、現在これらの用語は、アメリカ精神医学会が示したDSM-5と世界保健
機関が示したICD-11という2つの国際診断基準が出揃ったことで、見直し作
業が行われています。おそらく、関係法令の見直しと法改正が行われた後に
「自閉症」や「アスペルガー障害」は「自閉スペクトラム症（ASD）」、「注意欠
陥多動性障害」は「注意欠如多動症（ADHD）」、「学習障害」は「限局性学習

症（LD）」という名称に変更されるものと推測されます（DSM-5の訳がそのように
なっているため、その名称を用います）。

　さて、本来、特別支援教育とは「特別な教育的ニーズに応じた教育」ですから、「発達特性」の確認の後、診断基準に照らし合わせて診断名が判明したから開始される、という類のものではありません。「特別な教育的ニーズ（＝学習上や生活上で確認される問題や困り事）」が認められることで開始されるべきものです。それゆえ、発達特性が確認されても障害が存在しないのであれば、現行の特別支援教育の枠組み（通級指導）を用いる必要はないですし、発達特性が明らかな形で確認されない状態であっても障害が存在しているのであれば、特別支援教育の枠組み（通級指導）を利用すればよいのです。

　しかしながら、上記の説明は法律上では適合しているのですが、文部科学省から発出された事務連絡や通知の水準で別の規制がかけられているため不適合となっています。つまり、特別支援教育の枠組み（ここでは、通級指導だけに限らず、特別支援学級への在籍等も含まれます）を児童生徒に適用するにあたっては医師等の第三者の診断や評価が必要である、としているのです。この法律と通知の間にある矛盾が現行の特別支援教育を分かりにくくしている一つの要因と思います。

　ただし、この矛盾が生じざるを得ない事情も私たちは知っておく必要があります。その事情とは、「行政上のサービスや制度を利用する者はそのサービスを受けるための資格を有していなければいけない」という日本社会での不文律があるからです。税金を投入する以上は、周囲が納得する「特別な」理由を説明できるようにする必要があるのです。

　ただ、この矛盾の解消を阻む要素には、不文律の存在よりも、旧態然とした「障害のない」児童生徒への指導方法が変更されない現状が影響を与えています。特殊教育から特別支援教育に制度が移行した際に「普通教育」の中身が一斉指導から個別指導に更新されていないために矛盾が発生した、と考えた方がよいでしょう。そして、皆さんが通常級の担任となった際は、普通教育が「障害のない児童生徒を指導する」という認識を改め、「特別な教育的ニーズをもつ児童生徒も含めた担任学級の児童生徒一人ひとりに適切な指導をする」こと

が普通教育の意味なのだ、と理解して頂きたいと思います。

　さて、通級指導は、特別な教育的ニーズがある児童生徒が通常級における配慮された環境においてもなお、障害を克服するための指導が必要である場合に、所属している通常級とは別の通級指導教室に場を替えて指導を受ける形態のことを言います。この通級指導には、該当する児童生徒が通う学校と同じ学校の中に設置された通級指導教室に通う「自校通級」と、該当する児童生徒が通う学校と異なる他の学校（小学校や中学校だけでなく特別支援学校も含まれます）に設置された通級指導教室に通う「他校通級」という形式があります。その他に通級指導の担当教員が該当する児童生徒のところへ行って指導する形態の「訪問指導」という形もあります。

　この通級指導を利用できる回数（時間数）は、一週間あたり1コマから8コマまでと決められています。通級指導を利用する児童生徒の障害の状態に応じて具体的な時間数は決められますが、増やされた通級指導教室での学習時間の取り扱いは、各学年の標準的な学習時間に対して、単純に増加分として取り扱う場合と標準的な学習時間の一部として読み替える場合があります。

　また、通級指導教室に通う児童生徒の学習内容は、通級指導教室の担当者単独で決めるのではなく、通級指導教室に通う児童生徒が所属する学級の担任と連携して立案することになります。

　このように、通級指導を利活用するためには、通常級の担任が該当する児童生徒に必要な指導内容を立案したり、通級指導教室で受けた授業内容を所属学級で計画されていたどの単元の何時間目と読み替えるのかを調整したり、ということをする必要があります。奉職したら特別支援教育に係る仕事に携わる、と先に述べたのはこのような状況があるからです。

5　特別支援教育コーディネーターの業務と役割

　前節では、通常級の担任業務として、特別支援教育に関連することがあることを指摘しました。本節では、普通学校に勤めることになった時に誰もが担当として指名される可能性がある「特別支援教育コーディネーター」という校務

分掌について説明をします。

　特別支援教育の導入される前、平成 15 年頃に、特別支援教育を学校現場に円滑に導入するための試験的な取り組みとして、特別支援教育コーディネーターの配置と運用が一部の学校で行われました。その試験的な取り組みの成果を検討した結果、特別支援教育コーディネーターの配置が特別支援教育の円滑な導入に資すると評価され、特別支援教育制度を形作る要素の一つと位置づけられることになりました。

　しかしながら、現在、特別支援教育コーディネーターの指名率は小・中学校より高等学校や幼稚園で低くなっています。

　普通学校の特別支援教育コーディネーターの役割は、特別支援教育に関する校内委員会の企画運営、校外の専門職や保護者との連絡窓口、校内の同僚教員への特別支援教育に関する助言や援助、等の業務に取り組むことです。なお、特別支援学校の特別支援教育コーディネーターは、これに近隣地域の普通学校の支援を行うセンター機能が付け加えられています。

　この違いを表現するために、普通学校の特別支援教育コーディネーターを「校内支援型」と呼び、特別支援学校の特別支援教育コーディネーターを「地域支援型」と呼ぶことがあります。なお、特別支援学校では校務分掌の中に「相談部」という特別支援教育コーディネーターの上位互換的な部門を創設し、その担当になった教諭は、直接、児童生徒の指導に携わるのではなく、関係者（他専門職や保護者、等）間の調整や仲介、同僚の先生や近隣地域にある他校の先生の支援をしています。

　次に、特別支援教育コーディネーターに指名される先生はどのような立場の先生が多いのか、「報告」を手掛かりに見てみましょう。

　まず、特別支援学級の担任が指名される割合が高くなっています。特別支援教育に関する知識を持つ必要があるため、一見、合理的な判断であるように思われるのですが、特別支援学級の担任業務と特別支援教育コーディネーターの業務内容とは相性があまりにも悪いと言わざるを得ません。じっくり児童生徒と向き合って指導をすべきでありながら、関係各所との連携や調整・交渉、他の同僚教諭の特別支援教育に関係する援助に入るために東奔西走しなければい

けないのです。本来であれば、コーディネーションに専従できる環境が望ましいことを指摘しておきます。

次に、特別支援学級の担任は臨時講師が充てられる割合が比較的高いことが指摘されています。臨時講師は、教員免許状を保有していますが、正採用ではない期限付きの任用になります。つまり、単年度での関与である可能性が高くなり、継続的な役割を果たすことが求められるポジションでありながら、実際はその役割を果たせない状況の学校があるということです。

以上の事柄は、指名された一人ひとりの教員の責任というよりも、学校の課題である面が大きいものです。その他に注意すべき点は、特別支援教育コーディネーターの業務内容は、実際のところ、教職課程で取り扱われていない知識・技能が要求されるため、教員養成課程上のカリキュラムの充実と一人ひとりの教員個人が学び続ける必要性が高いことも指摘しておきます。

6 「障害のない児童生徒」の特別な教育的ニーズ

特別支援教育に関する最後の話題としては、「障害のない児童生徒」の特別な教育的ニーズについて触れます。「特別支援教育＝障害のある児童生徒の教育」ではない、という根拠の一つでもあります。

文部科学省は、教員養成を行っている全国の専門学校・短期大学・大学（以下、大学等）に対して、2018（平成31）年4月以降も教職課程を置いて教員を養成する場合、再課程認定という手続きを経ることを必須要件として求めました。この再課程認定を実施する際、教職課程を構成する科目群へ新たに必修科目として加えられたのが「特別の支援を必要とする幼児、児童及び生徒に対する理解」という教科目でした。「特別の支援」という表現が用いられていることもあって、多くの大学等では、「特別支援教育」や「特別支援教育基礎論」等々、特別支援学校教諭の養成課程との関連をイメージしたネーミングを採用しているケースが多いように見えます。

この教科目には、コアカリキュラムという全国一律で教えるべきとされた事柄が明示されていて、本節で取り上げる「障害のない児童生徒」の特別な教育

的ニーズも含まれています。そして、その内容として「母国語や貧困の問題等」が指摘されています。本節では、主に伊勢（2022）を参考に「母国語の問題」を取り上げます。

「母国語の問題」は、なかなか表記の仕方が難しい問題です。「母国語」という言葉が用いられていることから、直感的に外国籍児童の問題のことを想像したかも知れませんが、話はそう単純ではありません。むしろ、教育の観点から問題として認識されるのは、日本語による学習指導の困難さになります。外国籍児童生徒でも日本語能力が高い事例がありますし、日本国籍の児童生徒でも帰国子女の中で日本語能力が低い事例が見られることがこの問題の渦中にある児童生徒を表現することを難しくしています。

就学前の年齢の幼児であれば「外国にルーツのある子どもが日本社会で生活をする際に抱えやすい問題」という言い方が最も発生する問題を拾い上げられそうですし、就学後の年齢の児童生徒の場合であれば「日本語による指導や学習をする際に抱えやすい問題」という言い方が最も発生する問題を拾い上げられそうです。

また、言語能力は生活言語能力と学習言語能力の２つに区分することができ、母国語におけるこれらの力がどのような状態であるのかによって日本語による学習指導の困難さが影響されます。この２つの言語能力の区別を知っているかどうかでも指導場面での児童生徒の理解の程度が変わります。

筆者なりの表現で生活言語能力と学習言語能力について簡単にまとめますと、生活言語能力とは聴覚発話系の言葉の力で生後早い段階からよく発達しますが、学習言語能力とは視覚思考系の言葉の力で生活言語能力の伸びと豊かな生活経験を基礎にゆっくりと発達します。第二言語の習得に関する研究成果では、母国語における学習言語能力が十分に伸びている場合、第二言語の学習言語能力への般化が比較的容易に生じるとされます。

小学校以上の学校では、日常的に児童生徒間で交わすやり取りから推測される能力よりも学業成績が低くなる児童生徒がいます。その理由は、生活言語能力と学習言語能力の性質の違いに求めることができます。それゆえ、小学校以上の学校では、外国籍児童生徒の表面上の会話能力に惑わされず抽象的な思考

を遂行するための学習能力がどの程度その児童生徒の中に育っているのかを常に評価しながら適切な指導を行う必要があります。

なお、外国籍児童生徒に対する日本語能力の定着の程度と日本語指導の必要性を評価するための評価・指導法として、「JSL」と呼ばれるものや「DLA」と呼ばれるものが準備されています。これらの評価・指導法を大いに駆使して、外国籍の児童生徒の学習機会と学習の質の保障が達成されることに取り組むことも特別支援教育の射程に含まれてきているのです。

おわりに—今後の教職のあり方

本章のまとめとして「ノーマライゼーション」を再度もってきました。ノーマライゼーションという考え方を理解するには、「普通」とか「当たり前」ということを問い直すことが求められるからです。

「はじめに」で取り上げた「報告」では、日本における特別支援教育の問題点が指摘されていました。

また、この原稿に取り組んでいる最中に国連障害者人権委員会が日本から提出された報告書に対して勧告を出しました。その勧告の中で、日本の特別支援教育は「分離教育」に当たるものとして、中止を求められてしまいました。文部科学省は早速反論を表明しましたが、特別支援教育の理念や法律上の内容で考えると特別支援教育は分離教育では有り得ないのです。この事実は一人ひとりの教員養成課程で学ぶ学生が我がこととして考えなければならない問題です。これを機会に、改めて「普通」とはどういうことか？個別最適な学びとはどういうものか？ということを特別支援教育の観点から考えることを期待したいと思います。

〈参考文献〉

久田信行（2011）国際生活機能分類（ICF）の基本的概念と評価の考え方—「生活機能」
　　と「潜在能力」を中心に—、群馬大学教育実践研究、28、179-191.

伊勢正明（2022）外国にルーツのある子どもに対する保育・教育の実態と課題、白鷗大学

　　教育学部論集、16（1）、295-305.

梶谷真弘（2018）学級経営＆授業のユニバーサルデザインと合理的配慮―通常の学級でで
　　きる支援・指導―、明治図書.

茂木俊彦（1996）障害児教育をめぐる世界の潮流、藤本文朗・小川克正共編「障害児教育
　　シリーズ1　障害児教育学の現状・課題・将来」第4章第1節、培風館.

鈴木勉（1998）ノーマライゼーション理念の射程、秦安雄・鈴木勉・峰島厚編「講座発達
　　保障第3巻　障害児福祉学」第2章、全障研出版部.

執筆者一覧

【編者】

菊池龍三郎（元茨城大学学長・茨城大学名誉教授）………………………… 第 1 章

【執筆者】

石﨑ちひろ（常磐短期大学助教）………………………………… 第 10 章・第 11 章

伊勢正明（白鷗大学教授）………………………………………………… 第 15 章

大髙　泉（筑波大学名誉教授）……………………………………………… 第 5 章

金井　正（白鷗大学教授）……………………………………… 第 9 章・第 13 章

小島　睦（常磐大学特任教授／教職センター長）……………… 第 4 章・第 12 章

五島浩一（茨城大学教授）……………………………………… 第 2 章・第 3 章

助川公継（茨城女子短期大学副学長／教授）………………… 第 6 章・第 14 章

高橋資明（茨城県大洗町立大洗小学校長）………………………………… 第 7 章

山口豊一（聖徳大学教授）………………………………………………… 第 8 章

教職入門〔改訂版〕

ISBN978-4-319-00369-3

令和5年2月25日　第1刷発行

編著者　菊池龍三郎 ©
著　者　石﨑ちひろ © 　伊勢正明 © 　大髙　泉 © 　金井　正 ©
　　　　小島　睦 © 　五島浩一 © 　助川公継 © 　高橋資明 ©
　　　　山口豊一 ©
発行者　小貫輝雄
発行所　協同出版株式会社
　　　　〒 101-0054　東京都千代田区神田錦町 2-5
　　　　　　　　　電話　03-3295-1341（営業）、03-3295-6291（編集）
印刷者　協同出版・POD 工場